지속가능경영

지속가능경영

발행일   2026년 4월 20일

지은이   오세열
펴낸이   손형국
펴낸곳   (주)북랩

출판등록   2004. 12. 1(제2012-000051호)
주소   서울특별시 금천구 가산디지털 1로 168, 우림라이온스밸리 B동 B111호, B113~115호
홈페이지   www.book.co.kr
전화번호   (02)2026-5777   팩스   (02)3159-9637

ISBN   979-11-7598-239-0 03320 (종이책)   979-11-7598-240-6 05320 (전자책)

작가 연락처 문의 ▸ ask.book.co.kr

전용 게시판에 문의를 남기시면 저자에게 직접 전달됩니다.

(주)북랩 성공출판의 파트너

북랩 홈페이지와 SNS에서 다양한 출판 솔루션을 만나 보세요!

홈페이지 book.co.kr   •   **블로그** blog.naver.com/essaybook   •   **출판문의** text@book.co.kr

카톡채널 북랩

자본주의의 새로운 나침반

지속가능경영

오세열 지음

 북랩

추천서

　학문의 진정한 소명은 시대의 물음에 답하는 것이다. 인류가 쌓아 올린 250년 산업 문명의 토대가 뿌리째 흔들리는 이 전환의 시대에, 경영학은 그 어느 때보다 무거운 질문 앞에 서 있다. 기업은 무엇을 위해 존재하는가. 성장은 누구를 위한 것이어야 하는가. 오늘의 번영이 내일의 가능성을 잠식하는 것이 아닌가. 오세열 교수님의 『지속가능경영』은 바로 이 묵직한 물음들에 정면으로 응답하는 저작이다.

　필자는 이 분야에 대한 깊은 학문적 소명 의식과 현장 통찰력을 지닌 학자로, 오랜 사유와 성찰이 마침내 한 권의 저작으로 결실을 보았다.

　『지속가능경영』이 여타의 ESG 관련 서적들과 근본적으로 구별되는 첫 번째 이유는, 그 구조적 정합성에 있다. 저자는 제1부에서 자본주의 경영 패러다임의 역사적 전환을 조망하는 것으로 시작하여,

이론적 기반, ISO 국제표준 체계, 글로벌 이니셔티브, ESG 금융·투자 전략, 그리고 공시 및 보고서 실무에 이르기까지 총 6부의 지형도를 하나의 일관된 논리적 흐름으로 연결한다. 파편화된 개념들의 나열이 아니라, 각 요소가 유기적으로 맞물리는 통합 경영 시스템의 설계도를 제시한 것이다. 이것은 오랜 강단의 경험과 현장에 대한 깊은 이해 없이는 결코 가능하지 않은 지적 성취다.

두 번째 미덕은, ESG 2.0 시대의 본질을 꿰뚫는 저자의 통찰이다. 저자는 팬데믹 이후 급속히 확산한 ESG 담론이 적지 않게 '평가 점수 맞추기'와 '보여주기식 공시'의 함정에 빠져 있었음을 냉철하게 진단한다. 그리고 그 처방으로서, ESG가 별도 부서의 의례적 보고가 아닌 전략·재무·인사·구매 등 기업의 모든 기능 조직에 내재화된 경영 DNA가 되어야 함을 역설한다. '보고서가 아닌 경영이 지속가능해야 한다'라는 저자의 일갈은, 우리 시대 ESG 담론이 안고 있는 핵심 모순을 날카롭게 포착한 명제로서, 독자의 뇌리에 깊이 각인될 것이다.

세 번째로 주목할 것은, 국제표준과 이니셔티브 간의 정합성 있는 지도화다. 오늘날의 지속가능경영 환경은 수많은 표준과 규제가 중첩·교차하는 복잡계다. 저자는 이 광대하고 혼란스러운 지형에 명확한 좌표를 부여하며, 각 표준이 어떤 목적의식 위에서 서로를 보완하는지를 '통합 대응 로드맵'으로 제시한다. 특히 ISO 14001, 26000, 53001 등의 표준을 PDCA 순환 구조와 연계하여 ESG 경영의 내재화 메커니즘으로 설명한 제3부는, 이 책이 단순한 이론서가 아닌 실행 가능한 경영 지침서임을 웅변하는 백미라 할 것이다. "ESG가 이념이라면, ISO는 도구다"라는 저자의 명제는, 그 자체로 이 분야의 핵심 통찰을 압축한 경구(警句)로 오래도록 인용될 것이라 믿는다.

아울러, 이중 중요성(Double Materiality)과 공급망 ESG 실사(CSDDD)에 대한 심층적 분석은 특히 우리 기업계와 학계에 긴요한 기여를 한다. 외부 환경이 기업 재무 가치에 미치는 영향(Outside-In)과 기업 활동이 사회·환경에 미치는 영향(Inside-Out)을 동등하게 공시해야 한다는 이중 중요성 원칙은, 기업을 사회적 계약의 당사자로 위치시키는 새로운 기업관의 선언이다. 저자가 이를 제도적 맥락과 긴밀히 연결하여 분석한 것은, 글로벌 규제 환경에 노출된 한국 기업들에게 더없이 실질적인 통찰을 제공한다.

지속가능한 미래는 저절로 오지 않는다. 그것은 오늘 우리가 내리는 선택과 그 선택을 뒷받침하는 지식·제도·의지의 축적으로부터 비롯된다. 오세열 교수님의 『지속가능경영』을 이 시대의 경영자, 연구자, 그리고 더 나은 기업의 미래를 꿈꾸는 모든 이들에게, 본서를 추천한다.

2026년 3월
단국대학교 경영대학원 교수
국제ESG경영학회 학회장
사단법인 국제ESG심사원협회 이사장
경영학박사 김영국

자본주의의 거대한 물줄기가 바뀌고 있다. 지난 250년 동안 기업의 유일한 나침반이었던 이윤 극대화는 이제 공존과 책임을 앞세운 지속가능성이라는 새로운 좌표로 대체되고 있다. 21세기 경영 패러다임은 단순한 성장을 넘어, 우리가 누리는 자원을 다음 세대도 누릴 수 있도록 현명하게 선택하고 행동하는 삶의 방식으로 진화하고 있다.

기후 위기, 사회적 불평등, 급격한 기술 변화와 세대 간 가치 충돌은 먼 미래의 경고가 아닌 눈앞의 현실이다. 이러한 시대정신을 반영한 지속가능경영은 단기적 이익보다는 장기적 가치 창출을 지향하며 주주, 직원, 고객, 협력사, 그리고 지역사회를 아우르는 이해관계자들의 이익을 균형 있게 고려한다.

이제 지속가능성은 기업의 선의를 보여주는 사회적 책임(CSR)의 단계를 넘어, 리스크를 관리하고 새로운 기회를 창출하는 전략적 생존 기술이 되었다. 국제 규제의 강화와 투자자의 ESG 평가, 소비자들의 윤리적 요구는 기업에 더 높은 수준의 투명성과 실행력을 요구하고 있다.

이 책은 단순한 이론서나 ESG 입문서가 아니다. 지속가능경영의 진화적 구조와 제도를 조망하고, 국제 표준과 글로벌 이니셔티브, 그리고 데이터 기반의 전략 경영 모델을 하나의 통합 체계로 제시한다. 경영진의 의지와 조직의 역량, 그리고 이해관계자의 참여가 어떻게 실무적인 시스템으로 안착될 수 있는지 그 해답을 담았다.

이 책이 지속가능한 미래를 설계하는 경영자와 실무자들에게 명확한 통찰을 제공하고, 변화를 이끄는 실행의 용기를 주는 나침반이 되기를 바란다.

차례

제1부 | 지속가능경영의 개념과 역사

제2부 | 이론적 기반과 핵심 과제

제3부 ISO 국제표준과 ESG 경영

제4부 │ ESG 이니셔티브와 지속가능경영 사례

제5부 | ESG 금융과 글로벌 투자 전략

제6부 | 공시 및 지속가능경영보고서

지속가능경영의
개념과 역사

제1장
새로운 경영 패러다임
: 왜 지금 지속가능경영인가?

1. 자본주의 나침반의 이동
: 주주에서 이해관계자로

자본주의 경영은 오랫동안 주주 이익 극대화를 핵심 기준으로 삼아왔다. 그러나 기후 위기, 자원 고갈, 그리고 사회적 불평등이라는 복합적 문제가 심화되면서, 기존 방식은 더 이상 유효하지 않다는 사실이 드러나고 있다. 이제 기업의 존재 목적은 단순히 이윤을 창출하는 것을 넘어, 고객, 직원, 지역사회, 환경 등 모든 이해관계자의 가치를 균형 있게 추구하는 '이해관계자 자본주의'로 이동하고 있다. 지속가능경영은 경제적 수익뿐만 아니라 환경적 책임과 사회적 가치를 함께 고려하는 장기적 경영 전략이다. 이는 단순히 '착한 기업'이 되기 위한 도덕적 선택이 아니다. ESG(환경·사회·지배구조) 요소를 관리하지 못하는 기업은 시장과 투자자로부터 외면받는 반면,

이를 내재화한 기업은 리스크 감소, 브랜드 신뢰도 향상, 투자 유치 확대라는 실질적인 경쟁 우위를 확보하게 된다.

2. 새로운 경영 패러다임

전통적 기업 경영은 오랫동안 이윤 극대화와 주주 중심의 성과에 집중해 왔다. 단기적 성과를 추구하는 기업은 이해관계자의 신뢰를 잃고 지속적인 성장 또한 기대하기 어렵다.

지속가능경영은 기업의 존재 이유와 경영 방식 자체를 재정의하는 새로운 패러다임이다. ESG의 세 축, 환경·사회·지배구조를 전략적으로 통합함으로써 단기 이익과 장기 가치 창출을 병행할 수 있는 시스템이 바로 지속가능경영이다.

산업혁명 이후 자본주의 경영은 이윤 극대화를 최우선 목표로 삼아왔다. 그러나 지금 우리는 환경, 사회, 지배구조 등 다차원적 가치를 요구받는 시대에 살고 있다. 지속가능경영은 이 새로운 시대를 맞아, 자본주의의 진로를 수정하는 이정표가 되어야 한다.

3. 경영 전략의 구조적 전환
: 지속가능경영 vs 전통적 기업관

전통적 기업관은 기업의 최우선 목적이 주주의 경제적 이익을 극대화하는 것이다. 시장에서의 경쟁력과 수익성을 통한 단기적 수익성과 재무적 성과에 초점을 둔다. 지속가능경영의 기업관은 주주뿐만 아니라 고객, 직원, 지역사회, 환경 등 모든 이해관계자의 가치를 균형 있게 추구한다. 즉 사회적 가치와 경제적 가치를 동시에 추구한다. 그리하여 지속가능한 발전을 통해 현세대의 필요를 충족하면서도 미래 세대의 필요를 보장한다. 성공기준으로 전통적 기업관은 재무지표 중심으로 매출액, 영업이익, 순이익, ROE, ROA[1] 등 정량적 재무성과에 치중한다. 반면 지속가능경영 기업관은 경제적 성과(Profit), 사회적 성과(People), 환경적 성과(Planet)의 균형을 이루는 삼중수익기준(Triple Bottom Line)을 성공기준으로 삼는다. 책임범위로는 과거에는 법적 규제 준수와 주주 수익에만 책임을 졌다면, 오늘날 기업은 윤리적·사회적 책임까지 확대된 역할을 요구받고 있다. 공급망, 지역사회, 환경, 글로벌 이슈까지 고려하는 전 생애주기 책임이 강조된다.

지속가능경영 기업관은 상생과 협력을 통한 Win-Win 관계를 유지하며 생태계 전체의 발전을 도모한다. 지속가능한 비즈니스 모델과 혁신을 통한 장기적 경쟁력을 지향한다.

전통적인 경쟁은 제로섬 게임이었다. 하지만 지속가능경영은 산업

---

1 · ROE(Return on Equity: 자기자본이익률): 기업이 주주의 자본으로 얼마만큼의 이익을 냈는지를 보여주는 지표. 공식은 순이익 ÷ 자기자본. 높을수록 주주 입장에서는 더 효율적으로 돈을 벌어주는 기업.
   · ROA(Return on Assets: 총자산수익률): 기업이 보유한 모든 자산을 얼마나 잘 활용해 이익을 냈는지를 보여 주는 지표. 공식 = 순이익 ÷ 총자산. 기업이 가진 모든 자원 대비 수익성을 판단하는 데 쓰임.

생태계 전체와의 상생, 협력적 경쟁, 표준화 노력을 통해 장기적 경쟁우위를 구축한다.

전통적 기업관과 지속가능경영의 기업관을 비교해 보면 다음과 같다.

전통적 기업관과 지속가능경영의 기업관을 비교

구분	전통적 기업관	지속가능경영 기업관
존재 목적	• 주주가치 극대화 • 이윤 추구 • 경제적 가치 창출 • 단기적 수익성 중심	• 다중 이해관계자 가치 창출 • 사회적 가치와 경제적 가치 동시 추구 • 지속가능한 발전 • 현재와 미래 세대의 균형 고려

성공
기준
	• 재무지표 중심
	  - 매출액, 영업이익, 순이익
	  - ROE(Return on Equity: 자기자본이익률)
	  - ROA(Return on Assets: 총자산이익률)
	• 단기적 성과(분기별·연간)
	• 시장점유율과 규모
	• 주가 상승률
		• Triple Bottom Line
		  - 경제적 성과(Profit)
		  - 사회적 성과(People)
		  - 환경적 성과(Planet)
		• 장기적 가치 창출
		• ESG 지표 활용
		• 통합보고(재무적·비재무적)

책임
범위
	• 경제적 책임(주주 수익 창출)
	• 법적 책임(최소한의 규제 준수)
	• 제한적 범위(직접적 영향만)
	• 외부효과 무시
	  - 환경오염 비용 미반영
	  - 사회적 비용 외면
		• 확장된 책임
		  - 경제적·법적·윤리적·자선적
		• 이해관계자 책임
		  - 주주, 고객, 직원, 공급업체
		  - 지역사회, 환경
		• 전 생애주기 책임
		• 글로벌 차원의 책임

경쟁
개념
	• 제로섬 게임
	  - 경쟁사 손실 = 자사 이익
	• 가격·품질 경쟁
	• 단기적 경쟁우위
	• 경쟁사 견제 및 배제
	• 독점적 지위 추구
		• 상생과 협력(Win-Win)
		• 가치 기반 경쟁
		  - 사회적·환경적 가치 창출
		• 장기적 경쟁우위
		• 협력적 경쟁
		  - 산업 표준 설정 협력
		• 생태계 관점의 지속가능성

핵심 키워드	주주중심, 단기수익, 비용최소화, 시장지배, 경쟁우위	이해관계자, 장기 가치, 상생협력, 지속가능성, 사회적책임

제2장
지속가능경영의 발자취와 제도화

1. 글로벌 지속가능경영의 3단계 진화 과정

1) 지속가능경영의 태동과 제도화(1970년대~1990년대 초반)

1970년대, 스톡홀름 유엔 회의는 환경과 경제의 충돌을 공론화했다. 이후 1987년 브룬틀란트 보고서는 지속가능한 발전 개념을 정립하며, 환경과 경제의 조화를 목표로 하는 경영 전략이 국제적 논의의 중심에 섰다.

이 시기 기업들은 환경오염과 인권 문제로 비판받으며, 단순한 CSR(사회적 책임)을 넘어 ESG 기반의 전략을 수립하기 시작했다. 정부와 국제기구 역시 규제를 강화하고, 이를 제도화하는 흐름을 주도했다.

결국, 이 시기는 지속가능경영의 이론과 실천의 출발점이 되었으며, ESG와 SDGs[2]로 이어지는 글로벌 기준의 기초가 되었다.

---

2   SDGs(Sustainable Development Goals, 지속가능발전목표)는 전 세계의 빈곤을 종식시키고 지구를 보호하며, 모든 사람이 평화와 번영을 누릴 수 있도록 유엔(UN)이 채택한 17개의 공동 목표다.

2) 개념 확산기(1990년대 중반~2000년대 초반)

1990년대 중반부터 2000년대 초반까지는 '지속가능성'이라는 개념이 학문적 논의를 넘어 기업 경영과 국제 규범 속으로 확산되던 시기였다. 특히 1992년 브라질 리우데자네이루에서 개최된 유엔환경개발회의(UNCED)는 국제사회가 환경과 개발의 조화를 공감하고 실천하기로 합의한 결정적인 전환점이었다. 이 회의에서 채택된 리우 선언은 정부뿐 아니라 기업과 시민사회, NGO까지 참여함으로써 지속가능성은 더 이상 특정 집단만의 의제가 아닌 공동의 과제로 자리매김했다.

이후 1990년대 후반에 이르러, 지속가능경영을 실제로 적용하기 위한 실천 도구들이 등장하기 시작했다. 그 대표적인 예가 존 엘킹턴이 제안한 삼중수익기준(Triple Bottom Line) 개념이다. 전통적으로 기업은 손익계산서의 마지막 줄, 즉 순이익을 극대화하는 데 초점을 맞췄지만, 이 새로운 접근은 재무적 이익 외에도 사회적 가치와 환경적 성과를 함께 고려하는 경영의 새로운 기준을 제시했다.

동시에 국제적으로는 ISO 14001과 같은 환경경영 표준이 제정되며, 기업들은 환경성과를 측정하고 관리하는 체계를 갖추기 시작했다. 2000년에는 UN 글로벌 컴팩트가 출범하여 인권, 노동, 환경, 반부패 분야에서 기업의 자발적 책임을 요구했고, 이로 인해 많은 다국적 기업들이 CSR을 넘어 지속가능성과 직결된 글로벌 이니셔티브에 적극 참여하게 되었다. 이 시기는 결국 지속가능경영이 개념적으로 정립되고, 다양한 국제 기준과 협약을 통해 기업 현장으로 빠르게 퍼져나간 확산기라 할 수 있으며, 2000년대 중반 이후 제도화와 정착으로 나아가는 기반을 마련하게 된다.

3) 제도화 및 정착기(2000년대 중반~현재)

2000년대 중반에 접어들면서 지속가능경영은 기업 생존과 직결되는 전략적 필수 요건으로 자리 잡기 시작했다. 특히 ESG라는 개념이 경영의 핵심 언어로 부상하면서, 기업은 단순한 사회공헌을 넘어 경영 전반에 걸쳐 지속가능성을 통합하지 않으면 시장에서 살아남기 어려운 시대가 되었다.

2006년, UN이 발표한 책임투자원칙(PRI)은 글로벌 금융시장에 큰 변화를 일으켰다. 투자자들은 재무성과뿐 아니라 ESG 요소를 투자 기준으로 삼기 시작했고, 이에 따라 기업들도 지속가능경영을 체계적으로 실행하며 투자자의 신뢰를 확보해야 했다. 이어 2015년, 유엔은 지속가능발전목표(SDGs)를 채택하고, 파리기후협정을 통해 탄소중립과 기후 위기를 대응할 글로벌 행동을 선언했다. 이 두 사건은 지속가능경영의 제도화를 강하게 견인했다.

기업들은 다우존스 지속가능경영지수(DJSI), MSCI, CDP[3], ESG Rating, 등 다양한 평가 지표를 통해 지속가능성을 수치로 증명해

---

3 · MSCI ESG Ratings: 미국의 금융정보기관 MSCI가 제공하는 환경(E), 사회(S), 지배구조(G) 3가지 축의 종합 등급. 기업이나 국가의 지속가능성을 평가해서 'AAA(최상위)부터 CCC(최하위)'까지 부여함.

· CDP(Carbon Disclosure Project): 영국 기반의 국제 NGO로, 기후변화, 물안보, 산림 파괴 등 환경 리스크를 평가하고 기업 및 정부의 정보 공개 수준을 평가함. 기업은 자발적으로 CDP에 데이터를 제출하고, A부터 D-까지의 등급을 받음. 대한민국 기업들 중 삼성전자, SK하이닉스, LG화학 등은 A리스트에 선정됨.

야 했고, 이는 투자자와 소비자의 의사결정에 직접적인 영향을 주었다. GRI 가이드라인, ISO 26000과 같은 국제 표준 역시 기업의 지속가능성과 사회적 책임 공시를 제도화하는 데 중요한 역할을 했다.

오늘날, 지속가능경영은 기업의 브랜드 가치, 리스크 관리, 미래 성장의 동력으로 기능하고 있다. ESG는 글로벌 비즈니스의 표준이 되었으며, 이는 곧 유엔의 SDGs 달성과도 깊이 연결되어 있다. 따라서 2000년대 중반 이후의 시기는 지속가능경영이 국제적 합의와 제도, 그리고 투자 기준 속에 깊숙이 내재화되며 기업 전략의 중심으로 확고히 자리 잡은 정착기라 볼 수 있다.

지속가능경영의 발전 과정을 요약하면 다음과 같다.

지속가능경영의 발전 과정

시기	주요 특징	국제사회 흐름
태동기 (1970~1990년대 초반)	환경·사회 문제에 대한 문제의식 대두, '지속가능한 발전' 개념 등장	- 1972년 스톡홀름 인간환경회의 → 환경·개발 논의 - 1980년 세계자연보전전략 발표 - 1987년 브룬틀란트 보고서 「우리 공동의 미래」
개념확산기 (1990년대중반 ~2000년대초반)	지속가능경영 개념 정립, 국제 규범과 표준화 확산	- 1992년 리우환경회의(의제 21, 리우선언) - 1997년 교토의정서 채택 - 2000년 UN 글로벌 컴팩트 출범
정착기 (2000년대후반 ~현재)	ESG와 SDGs가 기업의 핵심전략으로 정착	- 2006년 UN 책임투자원칙(PRI) - 2015년 UN SDGs, 파리기후협정 - EU·OECD 등 규제강화, K-ESG 등 국가별 지침 등장

2. 기업 책임의 진화 메커니즘
　: CSR에서 ESG까지

기업 책임이 CSR → CSV → ESG로 변화하는 것은 단순한 개념 전환이 아니라, 그 시대적 배경과 철학, 그리고 사회적 요구의 변화 속에서 서서히 형성된 결과다. 이 변화의 중심에는 각각을 대표하는 주창자와 사상의 전환점들이 있다.

1) CSR(Corporate Social Responsibility)

CSR은 산업화 시대 이후 자본주의에 대한 자성에서 태어난 개념이다.

CSR은 20세기 중반, 특히 1960~70년대 미국을 중심으로 본격적으로 부각되기 시작했다. 기업들이 급속도로 성장하던 시기에, 빈부격차와 환경오염, 노동착취 같은 사회적 부작용이 폭로되기 시작하면서 기업에 단순한 경제 주체 이상의 도덕적 책임이 요구되었다.

CSR의 초기 개념은 1953년 키스 데이비스(Keith Davis)와 커롤 (Archie Carroll)이 CSR을 경제적·법적·윤리적·자선적 책임으로 네 가지 차원으로 정리했다. 커롤의 CSR 피라미드 모델은 이후 기업 교육에서 교과서처럼 인용되었다.

기업의 사회적 책임(CSR)에 대한 논의는 단순히 이윤을 창출하던 전통적 기업 모델에서 벗어나, 기업이 사회 전체의 구성원으로서 어떤 역할을 수행해야 하는가에 대한 질문에서 출발한다. 이 담론의 핵심을 잡아낸 인물이 바로 아치 캐롤(Archie B. Carroll)이다.

1991년, 그는 The Pyramid of Corporate Social Responsibility 라는 논문을 통해 기업의 책임을 네 단계로 구분했다.[4] 피라미드 구조로 제시된 이 모델은 경제적 책임을 기반으로, 법적, 윤리적, 그리고 자선적 책임이 차곡차곡 쌓여 올라가는 형태를 갖는다. 단순한 도식처럼 보일 수 있지만, 이 구조는 기업이 사회와 어떤 관계를 맺어야 하는지를 시각적으로 설명하는 데 강력한 도구가 되었다. 이 피라미드는 기업 책임이 경제적 기반 위에 사회적 가치가 층층이 쌓여가는 구조임을 보여준다.

가장 아래에는 경제적 책임이 있다. 말 그대로 기업이 살아남기 위해, 또 고용을 창출하고 지속 가능한 성장을 위해 이윤을 창출하는 것이다. 이 단계는 모든 기업 활동의 기반이며, 어떤 사회적 기여도 결국 이 토대 위에서만 가능하다는 점에서 중요하다.

그 다음은 법적 책임이다. 시장에서의 자유로운 활동은 법과 규제라는 울타리 안에서만 허용된다. 노동법, 환경법, 공정거래법 등을 준수하는 것은 단순한 의무가 아니라, 사회적 계약의 핵심이다.

그 위에는 윤리적 책임이 있다. 법이 허용하는 모든 것이 사회적으로 정당한 것은 아니다. 사람들은 기업이 정직하고, 투명하며, 공정하게 행동하기를 기대한다.

마지막 층위는 자선적 책임이다. 이는 법적 의무나 직접적인 이익과는 상관없이, 기업이 자발적으로 사회에 기여하는 활동을 뜻한

---

4 Carroll, A. B. (1991). The Pyramid of Corporate Social Responsibility: Toward the Moral Management of Organizational Stakeholders.

다. 지역사회 후원, 교육 프로그램 지원, 환경 보호 활동 등이 여기에 해당한다.

캐롤은 이 네 가지 책임이 서로 분리된 것이 아니라, 유기적으로 연결된 통합 구조임을 강조했다. 이 모델은 이후 많은 경영자, 학자, 정책 입안자들에게 영감을 주었고, CSR을 논할 때 빠질 수 없는 기본 개념으로 자리잡았다.

기업의 사회적 책임 구조

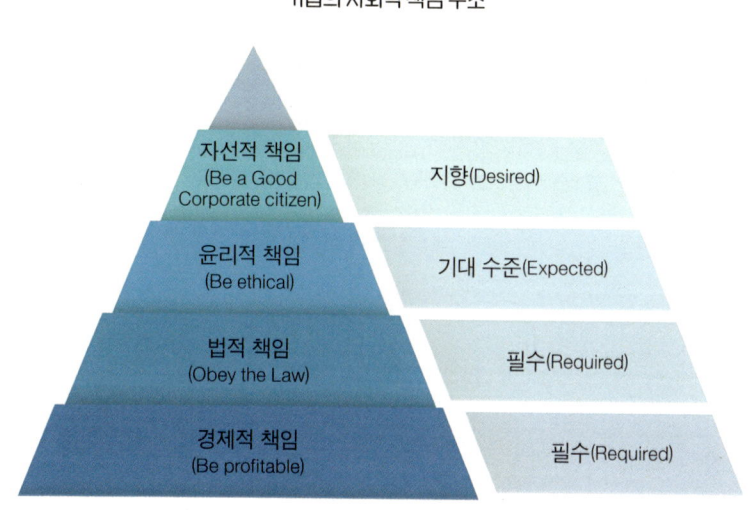

출처: Business Horizons, July-August 1991을 참고해 재구성

2019년 미국 비즈니스 라운드테이블(BRT)은 기업의 존재 목적을 주주 이익에서 이해관계자 모두의 가치 창출로 공식 변경하며, 자본주의의 철학마저 흔들기 시작했다.

2020년, 블랙록(BlackRock)의 CEO 래리 핑크(Larry Fink)는 연례 서한에서 ESG를 투자 판단의 핵심 기준으로 명시하며 새로운 시대의 도래를 알렸다.

같은 시기, 코로나19 팬데믹은 회복력(resilience)과 지속가능성의 중요성을 실감하게 만들며 기업 경영의 패러다임을 근본적으로 바꾸었다.[5]

2) CSV(Creating Shared Value)

자본주의의 재구성을 시도한 마이클 포터는 이익과 사회문제를 동시에 해결하라고 주장했다. 2011년, 미국 하버드대의 경영 전략 대가 마이클 포터(Michael E. Porter)와 마크 크레이머(Mark Kramer)가 Creating Shared Value라는 논문을 통해 CSV, 즉 공유 가치 창출 개념을 주장했다. 그들은 CSR이 사업을 지키기 위한 활동이라면 CSV는 사업을 성장시키는 비즈니스 전략이라고 주장했다. 기업은 지역사회의 문제를 외면하지 말고, 그 안에서 새로운 시장과 수익 모델을 찾아야 한다고 주장했다.

예를 들어 네슬레가 농민의 생산성을 올려서 자사 품질도 높이고, 농가도 도운 사례와 GE가 에너지 효율적 의료장비를 아프리카에 보급한 사례 등을 제시했다.

공유 가치 창출(CSV: Creating Shared Value) 개념은 기업이 경제적

---

[5] Business Roundtable, 2019; BlackRock Annual Letter, 2020.

가치와 사회적 가치를 동시에 추구할 때, 진정한 지속 가능성이 가능하다는 제안이다.

CSV는 단순히 착한 일이 아니라, 지속가능한 이윤창출 구조로 설계됐기 때문에 많은 기업인들 사이에서 강한 반향을 일으켰고, 특히 ESG로 넘어가는 디딤돌이 되었다.

3) ESG(Environmental, Social, Governance)

ESG는 CSV와 달리 특정 개인이 창시한 개념이 아니다. 국제 금융시장과 투자자 커뮤니티가 만들어낸 실행 중심의 평가 기준이다. 따라서 ESG는 투자자와 자본시장이 함께 만든 기업의 생존 기준이라고 볼 수 있다.

처음 이 개념이 등장한 것은 2004년 UN 글로벌 컴팩트와 세계은행 산하의 UN PRI(책임투자원칙)가 공동 발간한 보고서 「Who Cares Wins」다. 이 보고서에서 처음으로 'Environmental, Social and Governance'라는 용어가 등장하면서, 기업의 지속가능성을 분석하기 위한 투자 기준으로서의 ESG 개념이 확산되기 시작했다.

그리고 결정적인 전환점은 2015년 파리기후협약, 그리고 2020년 코로나19 팬데믹이었다. 이 두 사건을 통해 전 세계 기업들은 기후 리스크와 사회적 복원력이 단지 도덕적 책임이 아니라 직접적인 생존과 수익에 영향을 주는 변수임을 깨닫게 되었다.

특히 블랙록(BlackRock), 노르웨이 국부펀드, 골드만삭스 같은 글로벌 투자기관들이 ESG를 고려하지 않는 기업에는 투자하지 않겠다고 선언하면서, ESG는 더 이상 선택이 아닌 시장질서의 기준이

되어버렸다.

이제 ESG는 공시, 등급, 평가, 실사, 감사로 연결되는 투자와 자본 접근의 필수 요소가 되었다. 단순히 좋은 기업이 아니라, 책임 있고 지속가능한 구조를 갖춘 기업만이 살아남는 시대가 되었다. 이전까지 좋은 일을 하는 것으로 충분했던 기업의 역할은 점차 ESG라는 새로운 틀 안에서 재평가되기 시작했다. 이제 투자자들은 재무제표 뿐만 아니라 ESG 성과를 기업의 미래 가치를 판단하는 핵심 지표로 삼기 시작했다.

제3장
K-ESG와 한국적 경영 환경의 변화

한국의 지속가능경영 제도화는 글로벌 ESG 트렌드에 부응하면서도 국내 산업 환경과 기업 특성을 반영한 고유한 발전 경로를 보여주고 있다. 이러한 한국적 제도화 과정은 정부 주도의 가이드라인 개발, 단계적 공시 의무화, 그리고 다양한 지원 체계 구축이 특징이다.

1. ESG 가이드라인 개발과 특징

K-ESG 가이드라인은 한국형 ESG 평가 기준으로서 글로벌 표준을 수용하면서도 한국 기업들의 현실을 반영한 대표적인 제도화 사례다. 이 가이드라인은 국내외 주요 13개 평가기관의 3,000여 개 지표와 측정 항목을 분석하여 61개 ESG 이행·평가 핵심·공통 사항을 도출했다.

K-ESG의 독특한 점은 기존 환경·사회·지배구조(ESG) 부문에 정보공시부문을 추가하여 총 4개 범주로 구성했다. 이는 한국 기업들이 ESG 정보의 투명한 공개에 어려움을 겪고 있다는 현실적 문제를 반영한 것으로, ESG 성과뿐만 아니라 공시 역량 자체를 평가 요소로 포함시킨 혁신적 접근이다.

2. 단계적 공시 의무화와 정책적 조율

한국의 ESG 공시 의무화는 신중하고 단계적인 접근을 특징으로 한다. 금융위원회는 당초 2025년부터 자산 2조원 이상 상장기업을 시작으로 ESG 공시 의무화에 나서겠다고 발표했으나, 기업들의 준비 부족과 반발을 고려하여 2026년 이후로 시행 시점을 연기했다.

3. 법적 기반의 체계적 구축

한국의 지속가능경영 제도화는 지속가능발전 기본법을 중심으로 한 법적 기반 위에서 진행되고 있다. 이 법은 경제·사회·환경의 균형과 조화를 통하여 지속가능한 경제 성장, 포용적 사회 및 기후·환경 위기 극복을 추구한다는 목적을 명시하고 있으며, 국가와 지방자치단체의 지속가능발전지표 개발과 보급 의무를 규정하고 있다.

국가지속가능발전위원회를 중심으로 한 거버넌스 체계는 정부 부처 간 협력과 조정을 통해 일관된 정책 방향을 제시하고 있다. 2024년 기준으로 K-SDGs(한국 지속가능발전목표)와 연계된 종합적인 평가 체계가 운영되고 있으며, 이는 글로벌 SDGs와 국내 정책의 정합성을 보장하는 역할을 하고 있다.

4. 산업별 특화 접근과 중소기업 지원

한국의 제도화 과정에서 주목할 점은 산업별 특성을 반영한 차별화된 접근이다. 2024년 산업통상자원부가 발표한 업종별 K-ESG 가이드라인은 제조업, 금융업, IT업 등 각 산업의 특성에 맞는 구체적인 지표와 평가 기준을 제시하고 있다.

특히 중소기업을 위한 지원 체계가 체계적으로 구축되고 있는 점이 한국적 특징이다. 지속가능경영지원센터를 통해 자가진단 도구, 컨설팅 지원, 교육 프로그램 등을 제공하고 있다.

5. 인센티브 기반 제도 운영

한국의 제도화는 처벌보다는 인센티브에 기반한 접근을 강조하고 있다. 매년 실시되는 '지속가능경영 유공 포상'을 통해 우수 기업을 선정하고 정부 차원에서 포상하고 있다.

녹색기술 인증제도, 환경마크, 저탄소제품 인증 등 다양한 친환경 인증 제도가 연계 운영되고 있어, 기업들이 ESG 활동을 통해 실질적인 경쟁 우위를 확보할 수 있는 구조를 만들어가고 있다.

6. 글로벌 기준과의 조화

한국은 기업의 지속가능성 공시 기준을 만들면서, 국제 기준(ISSB의 IFRS S1&S2)[6]과 최대한 똑같이 맞추는 방향으로 가고 있다. 2024년 9월 기준으로 14개 국가가 ISSB 기준을 자발적 또는 의무적으로 도입하고 있는 가운데, 한국도 이러한 글로벌 트렌드에 부응하면서도 국내 기업의 준비 수준을 고려한 점진적 도입을 추진하고 있다.

K-ESG와 지속가능경영의 한국적 제도화는 글로벌 기준의 수용과 국내 현실의 반영이라는 두 축을 균형 있게 조화시킨 독특한 모델을 제시하고 있다. 정부 주도의 가이드라인 개발, 단계적 의무화 접근, 산업별 특성 반영, 중소기업 지원 체계, 인센티브 기반 운영 등은 한국형 지속가능경영 제도화의 핵심 특징으로 평가되며, 이러한 접근 방식은 다른 신흥 경제국들에게도 참고할 만한 모델을 제공하고 있다.

---

6 ISSB는 IFRS 재단 산하에 2021년 출범한 국제기구로 기업들의 지속가능성 공시를 위한 글로벌 통일 기준을 만듦.
· S1(General Requirements for Disclosure of Sustainability-related Financial Information): 기업이 재무적 의사결정에 유의미한 모든 지속가능성 관련 정보를 어떻게 공시해야 할지 규정.
· S2(Climate-related Disclosures): 기후 변화에 따른 위험, 기회, 전략, 지표 및 목표에 대한 구체적인 공시 기준.

제4장
ESG 2.0과 미래 전망

1. ESG 1.0의 한계

ESG 1.0은 대략 2020년 팬데믹 이후 본격적으로 확산된 도입기라 할 수 있다. 각국 정부와 금융기관, 투자자들이 ESG를 요구하자 기업들은 앞다투어 ESG 전담팀을 만들고, 지속가능성 보고서를 쓰기 시작했다. 하지만 이 시기에는 형식주의와 보여주기식 ESG로 점철되었다.

- 공시 위주의 보여주기 ESG: PDF 보고서, 슬로건, 캠페인에는 열심이었지만, 실제 경영 시스템과 연결되지 않은 경우가 많았다.
- 평가기관별 점수 맞추기 경쟁: ESG 평가기관마다 기준이 다르다 보니, 진짜 지속가능성을 고민하기보다는 점수를 올리기 위한 '테크닉'만 남았다.
- 성과 부재와 그린워싱 논란: ESG 활동이 실제 탄소 감축이나 인

권 개선으로 이어졌느냐는 의문이 제기됐고, 일부 기업은 겉으로만 환경을 생각하는 척하는 그린워싱으로 신뢰를 잃었다.

결국, ESG 1.0은 ESG에 대한 의무감은 있었지만, 내재화는 부족했던 시대였다.

2. ESG 2.0의 특징

ESG 2.0은 이 회의론을 정면으로 돌파하려는 흐름이다. 단순한 ESG 활동이 아니라, 경영 전략과 재무성과에 연결된 ESG 시스템을 요구했다.

- 성과 기반 ESG: 이제는 무엇을 했는가가 아니라, 무엇을 바꿨는가가 핵심이다.

  예를 들어, 탄소중립 선언이 아니라 실제로 Scope 3[7]까지 포함된 감축 수치와 실행력을 보여줘야 한다.

- 실사와 검증 강화: 유럽의 CSDDD(기업 공급망 실사지침)처럼, ESG는 더 이상 자율이 아니고 법적 의무화되었다.

  기업은 공급망 전반에 걸쳐 인권, 환경, 윤리를 입증해야 하고 외부 검증(Assurance)도 의무화되고 있다.

- 전사적 내재화: ESG는 전담팀만의 일이 아니고 전략, 재무, 인사, 구매, 생산, IR[8] 전 부서가 ESG와 연결돼야 하고, KPI[9]와

---

7 기업이 직접 배출하지는 않았지만, 기업의 활동으로 인해 발생한 탄소배출

성과 평가에 반영돼야 한다. 특히 보상 시스템과 연계된 ESG KPI는 2.0 시대의 핵심이다.

3. ESG 1.0과 ESG 2.0의 비교

ESG 1.0 시대에는 주로 기업의 사회적 책임 이행과 이미지 제고, 그리고 투자자 요구에 따른 비재무 정보 공시가 중심이었다. 많은 기업이 자발적 보고서를 통해 ESG 활동을 외부에 알리는 데 초점을 맞췄고, 이는 경영의 부수적 요소로 취급되었다.

그러나 ESG 2.0은 이와 근본적으로 다르다. 이제 ESG는 단순한 공시나 외부 시선 대응이 아니라, 기업의 핵심 전략이자 지속가능한 가치 창출의 구조적 기반으로 재정의되고 있다. ESG가 기업 전반의 의사결정, 리스크 관리, 투자 및 운영전략에 통합되어야 하는 이유는 명확하다. 기후 변화, 공급망 리스크, 사회적 갈등, 거버넌스 실패는 실제로 기업의 생존을 위협하고 있으며, 이에 대한 대응 없이는 지속 가능한 성장이 불가능하기 때문이다.

ESG 2.0은 단순한 선언이나 보고가 아니고, 데이터 기반 실행력과 전사적 참여를 요구한다. ESG 전략은 이제 최고경영자(CEO)와

---

8   IR(Investor Relations): 투자자 신뢰를 관리하는 일

9   KPI(Key Performance Indicator): 성과를 숫자로 보여주는 기준.
(예시: 마케팅 팀 → 광고 클릭률, 회원가입 수 / 영업 팀 → 매출, 계약 건수 / 고객 서비스 → 고객 만족도, 응답 시간)

최고재무책임자(CFO)의 직접적인 책임 하에 있고, 모든 부서의 ESG 목표는 경영성과와 연계되어야 한다. 이는 ESG가 기업의 미래 전략과 가치 평가의 핵심 지표로 작동하고 있음을 의미한다.

또한, ESG 2.0은 규제와 법제화 흐름 속에서의 대응력도 요구한다. 유럽연합의 CSRD(지속가능성보고지침), 미국 증권거래위원회(SEC)의 기후 정보 공시 규제, 그리고 한국의 K-ESG 가이드라인은 기업의 ESG 경영을 자발적 선택이 아닌 법적 의무로 바꾸어놓고 있다. 이 과정에서 ESG는 더 이상 외부용 발표자료가 아닌, 경영의 내재화된 시스템으로 기능해야 한다.

ESG 1.0이 외부를 위한 ESG였다면, ESG 2.0은 기업 생존과 미래를 위한 ESG로서 그 실행력과 진정성이 기업의 지속가능한 경쟁력을 좌우한다.

아래 표는 ESG 1.0과 ESG 2.0의 차이를 구조적으로 비교한 것이다.

ESG 1.0과 ESG 2.0의 비교

구분	ESG 1.0	ESG 2.0
핵심 목적	이미지 관리, CSR 연장	경영 전략화, 가치 창출
동기 요인	투자자·이해관계자 압력	생존 전략, 리스크 대응
실행 범위	일부 부서(CSR·홍보 중심)	전사적(CEO, CFO 포함) 경영 시스템
성과 기준	비재무적 공시 중심	정량적 성과 + 데이터 기반
정보공개	자발적 보고 위주	법제화된 의무 공시(EU CSRD 등)
데이터 활용	수기 작성 보고서	실시간 ESG 데이터 기반 의사결정
리스크 인식	평판 리스크 대응	운영·재무 리스크 관리 및 기회 창출

출처: GRESB의 "A Proven Blueprint: From ESG 1.0 to 2.0, 13 Jan 2023에서 참조

최근(2024~2025년)에 들어서면서, 기업 경영은 지속가능성의 새로운 패러다임인 ESG 2.0 시대로 진입하고 있다. 이는 기존의 ESG가 위험 회피 중심의 방어적 접근에 머물렀던 것에서 벗어나, ESG 요소를 혁신과 성장의 기회로 인식하는 단계로 전환된 것을 의미한다.[10]

ESG 2.0은 기업의 핵심 전략과 운영 전반에 ESG 원칙을 통합하는 것이 특징이다. 즉, ESG는 이제 별도의 부서나 홍보활동이 아니라, 기업의 비즈니스 DNA로 자리 잡고 있다.[11]

첫째, 단순히 환경에 피해를 주지 않는 소극적 책임을 넘어, 자연과 사회를 회복시키는 재생적 접근을 추구한다.

둘째, AI, 빅데이터, IoT 등 디지털 기술을 ESG 성과 측정과 개선에 활용하는 스마트 지속가능경영이 확산되고 있다.

셋째, 포용적 성장의 가치가 강화되어, 경제적 성과와 사회적 가치가 함께 작동하는 모델이 주목받고 있다.

앞으로 ESG는 순환경제와 자연기반 솔루션, 사회혁신과 같은 주제와 결합하여 더욱 정교한 임팩트 측정과 이해관계자 참여 모델로 진화할 것으로 예상된다. 이해관계자들의 참여도 더욱 활발해져서, 공동 창조방식의 지속가능경영이 확산될 것이다.

기업책임의 개념은 자선적 활동에서 시작하여 체계적인 CSR, 투자 기준으로서의 ESG, 그리고 현재의 통합적 지속가능경영까지 지속적으로 발전해왔다. 각 단계는 이전 단계를 완전히 대체하는 것

---

10 Passas, 2024; Li, 2024.

11 ResearchGate, 2025.

이 아니라, 누적적으로 발전하면서 더욱 포괄적이고 전략적인 접근법으로 진화하고 있다.

4. 향후 전망

ESG는 지나가는 유행이 아니다. ESG는 형태는 바뀌어도 본질은 계속 살아남을 수밖에 없다. 따라서 ESG는 사라지지 않고 진화와 발전을 계속해 나갈 것이다.

앞으로 전망을 보면 다음과 같다.

- 규제 강화: 유럽은 CSDDD, 미국은 SEC 기후공시, 한국도 K-ESG 고도화 등으로 규제기반 ESG가 확산된다.
- 디지털 ESG: ESG 데이터 수집, 실시간 감시, 리스크 분석이 AI·IoT·빅데이터 기반으로 자동화된다. 공급망 ESG 모니터링 플랫폼이 핵심 과제로 부상한다.
- 금융과 ESG의 통합: 지속가능 채권, ESG 평가, ESG 관련 인센티브 금융이 본격적으로 확산되면서, 금융 자체가 ESG화되는 구조가 굳어진다.
- 이해관계자 자본주의의 강화: ESG는 결국 주주 자본주의의 대안으로, 기업이 이해관계자 중심으로 이동한다.

제2부

이론적 기반과
핵심 과제

제1장
ESG의 재해석
: 개별 지표를 넘어선 통합 경영 체계

기존의 지속가능경영이 포괄적인 개념이었다면, ESG는 이를 환경 (E), 사회(S), 지배구조(G)라는 구체적인 관리 지표로 전환한 것이다. 각 요소는 분절된 항목이 아니라 기업의 가치를 결정하는 하나의 유기적인 시스템으로 작동한다.

- 환경(Environment): 단순한 탄소 절감을 넘어, 자원 순환과 생물 다양성 회복을 포함한 '지구 생태계와의 공존'을 목표로 한다.
- 사회(Social): 공급망 내 인권 관리와 안전보건 등 기업을 둘러싼 '사람 중심의 포용적 가치'를 실현한다.
- 지배구조(Governance): 투명한 의사결정과 윤리 경영을 통해 앞선 E와 S가 지속될 수 있게 만드는 '민주적 운영 원리'다.

1. 환경(Environment)
: 지구 생태계와의 공존

현대 기업은 단순한 이윤 창출을 넘어, 환경적 지속가능성 확보를 생존의 조건으로 인식하고 있다. 기후 위기, 생물다양성 감소, 자원 고갈 등 복합적 환경문제가 기업의 운영과 평판, 나아가 국가 경쟁력까지 좌우하는 시대가 되었다. 환경영역은 탄소중립·에너지 관리·순환경제·자원효율과 같은 구체적 실행 전략을 요구하며, 이는 기업의 지속가능경영체계를 구성하는 핵심 요소로 작용한다.

1) 새로운 패러다임

지구 생태계와의 공존 경영은 자연 생태계를 파괴하지 않고, 회복과 보전을 통해 경제활동과 조화를 이루는 전략적 접근이 필요하다. 이는 단순한 환경보호를 넘어 자연 자본을 회복하고 생태계 서비스를 강화함으로써 장기적 가치 창출을 추구한다. 지속가능한 원료 조달, 친환경 공급망 운영, 생물다양성 보전 활동은 단순한 비용이 아닌 리스크 관리이자 신뢰 구축의 기반이 되고 있다.

2) 탄소중립: 기후 위기 대응의 핵심 전략

탄소중립(Carbon Neutrality)은 온실가스 배출을 감축하고 남은 배출량을 상쇄하여 총 배출량을 '0'으로 만드는 전략이다. 이는 파리협정 이후 각국과 기업이 공통적으로 지향하는 목표로, 재생에너지 전환, SBTi(과학기반 감축목표) 설정, 탄소배출권 거래제 참여, 탄소포집저장(CCUS)기술[12] 도입 등을 포함한다. 기업은 이를 통해 기후 리스크를 줄이고, 규제 대응력과 투자 매력도를 동시에 높이고 있다.

3) 에너지관리: ISO 50001을 통한 체계적 접근

ISO 50001(에너지경영시스템)은 기업이 에너지 효율을 지속적으로 개선하기 위한 국제표준이다. 핵심은 에너지 성과지표(EnPI)를 설정하고 기준선 대비 개선 정도를 주기적으로 검증하는 체계적 관리에 있다. 이를 통해 기업은 온실가스 감축과 비용 절감의 이중 효과, 스마트 계량기 및 고효율 설비 투자, 전사적 에너지 거버넌스 강화 등을 실현할 수 있다.

4) 환경경영시스템: ISO 14001의 실천적 도구

ISO 14001(환경경영시스템, EMS)은 기업이 환경 측면을 체계적으로 식별·평가하고, 법적 요구사항을 준수하며, 자원 낭비와 환경 영향을 최소화하기 위한 국제표준이다. Plan-Do-Check-Act(PDCA) 순환구조를 통해 법규 위반 리스크 감소, 환경비용 절감, 조직 내 환경의식 고취 효과를 창출한다. 또한 ESG 평가에서 환경관리 역량을 객관적으로 증명하는 기준으로 작용하여 기업 신뢰도를 제고한다.

---

12 CCUS(Carbon Capture, Utilization and Storage) 기술: 이산화탄소(CO_2)를 포집(Capture)해서, 활용(Utilization)하거나 지하에 저장(Storage)하는 기술. 특히 철강, 석유화학, 시멘트 같은 고탄소 산업에서 배출되는 CO_2를 줄여서 탄소중립을 이루는데 필수 도구.

5) 순환관리: 자원의 선순환과 지속가능성

순환관리(Circular Management)는 제품과 자원을 가능한 한 오래, 반복적으로 사용하는 순환경제 개념에 기반한다. 기존 3R(Reduce, Reuse, Recycle)을 넘어 Rethink(재설계), Repair(수리), Refurbish(개조) 등 확장된 개념이 도입되고 있다. 친환경 설계, 재활용 소재 도입, 폐기물 자원화 및 재자원화 기술 개발 등을 통해 자원 낭비를 최소화한다.

6) 자원효율: 최적의 자원 활용 전략

자원효율은 동일한 생산량을 더 적은 자원으로 달성하거나, 동일한 자원으로 더 높은 부가가치를 창출하는 전략이다. 스마트팩토리[13], 공정 자동화, 원자재 절감형 설계, 폐수 및 폐열 재활용 시스템 등이 대표적이다. 이는 비용 절감과 ESG 경쟁력 강화라는 실질적 성과로 이어진다.

7) 통합적 환경경영 전략의 필요성

탄소중립, 에너지관리, 순환관리, 자원효율은 상호연계된 통합시스템 속에서 시너지를 낼 때 최대 효과를 발휘한다. 예를 들어 LG 에너지솔루션, 삼성전기, 한국토지주택공사는 ISO 14001·50001 기반의 통합 관리체계를 운영하며 ESG위원회를 중심으로 기후변화,

---

13 스마트팩토리는 AI, IoT, 빅데이터, 로봇 등을 활용해서 공장의 생산 과정 전반을 자동화·지능화한 공장. 기계가 스스로 학습하고, 문제를 감지하고, 심지어 판단도 한다.

수자원, 생물다양성 등 복합 이슈를 전사적으로 관리하고 있다.

8) 지속가능한 미래를 위한 기업의 책임

지속가능한 환경경영은 선택이 아닌 기업 생존의 절대적 전제다. 탄소중립과 에너지 효율화, 순환관리와 자원효율성은 상호보완적이며, 이를 기반으로 한 통합적 전략은 기후 리스크를 넘어 새로운 비즈니스 기회를 창출한다. ESG 시대의 기업은 환경과의 공존 속에서 경쟁력을 확보해야 한다.

2. 사회(Social): 인간 중심의 포용적 가치

1) 포용적 사회 가치와 글로벌 지속가능 프레임워크

지속가능경영의 사회영역은 단순한 기업의 사회공헌을 넘어, 인간의 존엄과 공동체의 공존을 핵심 가치로 삼는다.

기업은 이해관계자, 지역사회, 공급망 등 전 영역에서 포용과 책임을 실천해야 하며, 이는 국제표준(ISO 26000, UNGC, GRI 등)과 UN-SDGs의 가치체계 안에서 구체화된다.

사회적 책임은 기업의 생존 전략이자 신뢰 구축의 핵심 조건으로, 지속가능한 사회적 생태계 조성의 토대를 이룬다.

2) 인권: 인간 존엄의 실현

기업은 모든 이해관계자의 기본적 인권을 존중해야 하며, 이는 유엔의 기업과 인권 이행원칙(UNGPs)과 ISO 26000의 사회적 책임 지침에 근거한다.

차별, 강제노동, 아동노동, 개인정보 침해 등을 예방하기 위해 인권정책, 인권실사(Human Rights Due Diligence), 구제 절차를 갖추는 것이 필수적이다.

인권 중심 경영은 단순한 윤리 준수가 아닌, 기업의 평판, 투자 신뢰, 공급망 안정성 확보의 기반이 된다.

3) 노동: 공정하고 안전한 근로환경

기업은 ILO 핵심 협약과 ISO 45001(산업안전보건경영시스템)에 따라 공정임금, 근로시간 준수, 노동조합의 자유, 안전보건을 보장해야 한다.

또한 비정규직·플랫폼 노동자 등 다양한 고용형태에 대한 포용적 보호정책을 강화해야 한다.

안전하고 공정한 일터는 생산성과 혁신을 높이며, 지속가능한 조직문화를 만든다.

4) 공급망 책임: 확장된 사회적 책임

글로벌 공급망 시대에서 기업은 자사뿐 아니라 전체 가치사슬의 사회적 책임을 확보해야 한다.

ISO 26000은 인권·노동·공정운영·환경·소비자·지역사회 등 7대 영역을 통합적으로 제시하며, RBA(Responsible Business Alliance)[14]

---

14 IT·전자·자동차·장비 산업의 글로벌 공급망을 위한 행동강령을 제시함. 삼성전자, SK하

는 노동·안전·환경·윤리·경영시스템의 기준을 통해 공급망 전체의 지속가능성을 관리한다.

기업은 협력사 ESG 실사, 윤리헌장 서약, 시정조치 체계를 통해 공급망 전반의 신뢰를 확보해야 하며, 이는 산업 생태계의 경쟁력을 좌우한다.

5) 지역사회: 상생과 사회적 가치 창출

기업은 지역사회와 함께 성장하는 공동체의 구성원으로서, 고용 창출, 교육훈련, 사회문제 해결, 환경보전 등을 통해 사회적 가치를 창출한다.

ISO 26000은 지역사회 참여와 발전을 사회적 책임의 핵심 주제로 제시하며, 단순한 기부활동을 넘어 공유 가치 창출(Shared Value Creation)[15]의 개념을 강조한다.

6) 다양성과 포용: 혁신의 문화적 기반

지속가능한 사회는 다양성과 포용의 문화에서 실현된다. UNGC 제6원칙은 차별금지와 평등을 강조하고, GRI 405(다양성과 기회균등)는 기업의 다양성 공시 지표를 규정한다.

이닉스, LG전자 같은 대기업들은 대부분 RBA 회원이거나 이를 기반으로 한 CSR(기업의 사회적 책임) 기준을 자발적으로 따르고 있다. RBA 기준 준수 여부가 해외 수출 및 수주 경쟁력에 영향을 준다.

15 마이클 포터(Michael Porter)와 마크 크레이머(Mark Kramer)가 2011년에 하버드 비즈니스 리뷰에서 제안한 개념. 기업이 이윤을 추구하면서도 사회적 문제를 동시에 해결할 수 있는 전략.

성별, 연령, 인종, 국적, 종교, 성적지향 등 차이에 상관없이 구성원이 잠재력을 발휘할 수 있는 포용적 환경을 조성해야 하며, 이는 혁신과 창의성의 원천이다.

따라서 다양성과 포용은 단순한 인사정책이 아니라 지속가능한 경쟁력의 전략적 자산이다.

3. 지배구조(Governance): 민주적 의사결정 구조

1) 지배구조의 민주화와 지속가능경영

ESG의 세 축 중 하나인 지배구조는 기업의 의사결정 구조, 책임성, 투명성을 통해 지속가능한 경영의 토대를 마련하는 영역이다. 민주적 의사결정은 단순히 형식적 절차를 의미하지 않는다. 이는 이해관계자의 참여를 보장하고, 의사결정 과정의 독립성과 투명성을 확보함으로써 기업의 장기적 신뢰를 구축하는 과정이다. 따라서 ESG 거버넌스는 권한의 집중이 아니라 견제와 균형을 통해 지속가능한 가치 창출의 제도적 기반을 마련하는 것이다.

2) 이사회 중심의 민주적 의사결정

이사회는 기업 거버넌스의 핵심 축이다. 독립성이 확보된 이사회는 경영진의 의사결정을 객관적으로 견제할 수 있으며, 이해관계자의 이익을 균형 있게 반영한다. 예컨대 SK이노베이션은 사외이사 비율을 75%로 유지하여 경영진과 지배주주로부터 독립적인 감시 기능을 수행하고 있다. 포스코퓨처엠과 교보생명은 성별·연령·전문분야·문화적 배경의 다양성을 이사회 구성 원칙으로 삼고 있다. ESG, 금융, 산업 전문가 등 다양한 전문성을 갖춘 인사가 참여함으로써 지식 기반의 합리적 의사결정 구조가 완성된다. S-OIL은 감사·보수·사외이사추천·ESG위원회 등 4대 전문위원회를 운영하여 이사회의 전문성과 독립성을 강화하고 있다. 이러한 위원회 체계는 이사회 내에서 전문성·분권·견제의 균형원리를 구현하는 제도적 장치다.

3) 윤리경영과 컴플라이언스 체계

윤리경영은 법적 기준을 넘어 도덕적·윤리적 원칙을 경영의 중심에 두는 체계다. 이는 투명한 의사결정 과정, 반부패, 공정거래, 인권 존중 등을 포괄하며, 기업의 신뢰와 지속가능성을 뒷받침한다. 국민권익위원회는 반부패 윤리경영 강화를 위해 전담부서와 윤리책임자의 지정, 행동기준 수립을 권장하고 있다. 예컨대 CJ올리브네트웍스는 인권 존중·환경 보호·반부패·국제거래질서 준수 등을 명문화한 윤리규범을 제정하여 전 임직원의 준수를 의무화하고 있다. 연구개발특구진흥재단은 컴플라이언스 경영시스템을 구축하여 법적 위험을 사전에 관리하고, 경영문화 전반에 윤리 의식을 내재화하고 있다.

4) 내부통제와 리스크 관리

내부통제는 기업의 목표 달성과 리스크 관리를 위한 제도적 장치로, 운영 효율성·재무 신뢰성·법규 준수의 세 가지 목적을 가진다.

예컨대 현대자동차그룹은 ESG 리스크 관리체계를 COSO 프레임워크에 기반해 설계하여 지속적 개선을 추진하고 있다. COSO의 5대 구성요소(통제환경·위험평가·통제활동·정보 및 의사소통·모니터링)는 ESG 내부통제의 핵심 구조다. 이를 통해 비재무적 리스크까지 포함한 통합 리스크 관리체계가 가능해진다.

5) 정보공시와 투명성

기업의 정보공시는 단순한 재무정보를 넘어 환경·사회·지배구조 전반의 비재무정보를 포함한다. 예컨대 포스코인터내셔널은 ISSB, GRI, SASB 등 국제 기준에 따른 ESG 공시를 통해 글로벌 표준에 부합하는 투명성을 확보하고 있다. 투명성은 기업과 이해관계자 간의 신뢰를 구축하는 기반이다. 정기적 보고서, 공시, 웹사이트 공개 등 다양한 채널을 통해 기업의 전략·성과·리스크 정보를 공유하는 것이 민주적 경영의 출발점이다. 이는 기업의 책임성과 개방성을 동시에 강화하는 거버넌스 투명성의 실질적 구현이라 할 수 있다.

6) 지배구조의 통합적 관리와 민주적 의사결정의 실현

국민권익위원회는 거버넌스가 반부패, 내부통제, 윤리경영, 이사회 책임 등 투명성과 관련된 모든 기능을 포괄한다고 설명한다. 즉, 거버넌스는 단순한 조직 구조가 아니라 기업 윤리·리스크 관리·정보공시를 아우르는 통합 관리 체계다. 민주적 의사결정은 형식적 절차를 넘어 다양한 이해관계자의 참여와 정보 접근권을 보장한다. 공정한 이사회 운영, 투명한 정보 공개, 윤리적 기준의 내재화를 통해 기업은 사회적 신뢰를 확보하고 장기적 지속가능성을 확보할 수 있다.

7) 지속가능한 가치 창출을 위한 민주적 거버넌스

ESG 지배구조는 기업 내부의 제도적 정의이자 지속가능경영의 심장부다. 민주적 의사결정은 조직의 투명성·책임성·신뢰성을 확보하는 실천적 철학이다. 독립된 이사회, 윤리적 경영, 체계적 내부통제, 투명한 공시가 유기적으로 작동할 때 기업은 이해관계자 모두에게 가치를 제공하며, 진정한 지속가능한 민주적 경영을 완성할 수 있다.

제2장
글로벌 표준 및
공시 프레임워크의 메커니즘

다양한 국제 표준과 공시 기준은 서로 충돌하는 것이 아니라, 목적에 따라 계층적인 구조를 형성하고 있다. 구조의 메커니즘은 가이드라인(원칙) → 경영시스템(실행) → 공시(보고)로 이어진다.

1. 나침반이 되는 글로벌 원칙(UN SDGs&UNGC)

UN SDGs(지속가능발전목표)는 인류가 나아갈 17가지 공동 목표를 제시하며, UNGC(글로벌컴팩트)는 인권, 노동, 환경, 반부패의 10대 원칙을 통해 기업이 지켜야 할 최소한의 도덕적 마지노선을 설정한다.

1) UN-SDGs(United Nations Sustainable Development Goals, 유엔 지속가능발전목표)

ESG와 UN SDGs(유엔 지속가능발전목표)는 기업과 사회가 지속가능한 미래를 구축하기 위한 두 가지 핵심 프레임워크로서, 서로 밀접하게 연결되어 있으면서도 각각의 고유한 역할을 수행하고 있다. 2015년 유엔총회에서 채택된 전 인류의 지속가능한 발전을 위한 17개 목표와 169개 세부목표로, 빈곤·기아 해소, 양질의 교육, 성평등, 깨끗한 에너지, 기후변화 대응 등 다양한 영역을 포괄한다.

기업은 SDGs를 통해 자신들의 사업활동이 사회와 환경에 미치는 영향을 점검하고, 긍정적 기여를 극대화하는 방향으로 전략을 설계한다. ESG는 SDGs의 기업 실행 버전이라 할 수 있으며, 기업의 ESG 활동은 곧 SDGs 달성의 실천 수단으로 작용한다.

2) UNGC

2000년 유엔이 주도한 세계 최대의 자발적 기업 지속가능성 이니셔티브다. 가입 기업은 인권, 노동, 환경, 반부패의 4대 분야에서 10대 원칙을 준수할 것을 서약한다. UNGC(UN Global Compact)는 기업이 경영활동 전반에서 윤리적 책임과 투명성을 확보하도록 유도하며, SDGs 달성과 ESG 경영의 윤리적 기반을 제공한다.

2. 실행력을 높이는 경영시스템 표준(ISO)

이론을 실제 경영에 적용하기 위해서는 표준화된 프로세스가 필요하다. ISO는 환경경영(ISO 14001), 사회적 책임(ISO 26000), 준법경영(ISO 37301), 지속가능경영(ISO 53001) 등 다양한 ESG 관련 국제 표준을 마련하고, 기업이 체계적으로 ESG 경영 시스템을 구축하고 인증받을 수 있는 프레임워크를 제공한다. 이중에서 지속가능경영(ISO 53001)은 UN의 지속가능발전목표(SDGs)달성을 위한 경영시스템 국제표준으로 조직이 SDGs를 전략, 운영, 리더십 전반에 통합하고 실행력을 강화하도록 지원한다.

3. 시장과 소통하는 공시 프레임워크(GRI, ISSB, ESRS)

성과를 외부에 알리는 기준은 보고의 목적에 따라 구분된다. 이를 '이중 중대성(Double Materiality)' 개념으로 요약하면 다음과 같다.

- GRI(Global Reporting Initiative): 기업 활동이 외부 환경과 사회에 미치는 '영향'에 집중한다(내부 → 외부).
- ISSB(International Sustainability Standards Board): 외부 환경 요인이 기업의 '재무적 가치'에 미치는 영향에 집중하며, 투자자 의사결정을 돕는다(외부 → 내부).
- ESRS(European Sustainability Reporting Standards): 위 두 가지 관점을 통합하여 유럽 연합 내 기업들에게 강제성을 부여하는

가장 엄격한 기준이다.

1) GRI

GRI(Global Reporting Initiative)는 전 세계적으로 가장 널리 사용되는 지속가능경영 보고 프레임워크다. 기업의 경제적·환경적·사회적 영향을 이해관계자 중심으로 공시하도록 요구하며, 투명성과 책임성을 강화한다. 2021년 개정된 GRI Standards(2021)는 중대성(Materiality) 개념을 강화하여, 기업이 가장 중요한 ESG 이슈를 임팩트 중심으로 식별하고 공시하도록 규정하였다.

2) ISSB

ISSB(International Sustainability Standards Board)는 국제지속가능성기준위원회로서 2021년 IFRS 재단 산하에 설립되어, 글로벌 ESG 공시 기준의 통합을 추진하고 있다. 2023년 발표된 IFRS S1(지속가능성 공시 일반요건)과 IFRS S2(기후관련 공시)는 기존의 GRI·SASB·TCFD를 통합하는 역할을 수행한다. ISSB는 재무회계와 비재무정보 간의 정합성을 강화하여, 투자자 친화적 글로벌 ESG 공시 표준으로 자리 잡고 있다.

SASB(지속가능성 회계기준위원회)는 산업별 재무적 중요성(Materiality)에 초점을 둔 ESG 공시 표준을 제시한다. 총 77개 산업별로 차별화된 지표를 제공하여, 투자자가 기업의 재무성과에 영향을 미칠 수 있는 ESG 요소를 평가할 수 있도록 한다. 즉, GRI가 사회적 책임 중심의 포괄적 보고 체계라면, SASB는 투자자 중심의 재무적 ESG

정보를 강조한다.

TCFD(기후변화 관련 재무정보 공개)는 2015년 G20 금융안정위원회(FSB)가 설립한 기구로, 기후변화가 기업의 재무성과에 미치는 영향을 투명하게 공개하도록 권고한다. 보고 체계는 거버넌스, 전략, 리스크 관리, 지표 및 목표의 네 영역으로 구성되며, 현재 ISSB의 IFRS S2에 통합되어 있다.

3) ESRS

EU의 CSRD와 ESRS는 가장 포괄적이고 강력한 ESG보고지침이다. 유럽연합(EU)은 2023년 1월 기업 지속가능성 보고 지침(CSRD: Corporate Sustainability Reporting Directive)을 시행하며 ESG 공시 규제를 선도해 왔다. CSRD는 기존 비재무정보 공개지침(NFRD)을 대폭 강화한 것으로, 유럽 지속가능성 보고 기준(ESRS: European Sustainability Reporting Standards)에 따른 공시를 의무화한다.

주요 특징은 이중중대성 원칙을 적용하고 있다. 기업 활동이 환경과 사회에 미치는 영향과 ESG 요인이 기업 재무성과에 미치는 영향을 모두 평가한다. 또한 보고서에 대한 독립적인 외부 감사를 의무화했다. 그리고 XBRL[16] 등 디지털 형식의 보고로 공시하도록 했다.

---

16 XBRL(eXtensible Business Reporting Language): 기업 데이터를 기계가 읽을 수 있게 만드는 언어. CSRD는 기업의 지속가능성 정보를 XBRL 형식으로 공시하도록 요구한다.

4. 프레임워크 간 통합 및 상호보완 관계

각 프레임워크는 고유한 역할을 수행하면서도 상호 보완적이다. GRI는 사회·환경 전반의 영향 공시에 초점을 두고, 최근에는 ISSB 중심의 통합체계가 형성되어, 기업들은 GRI·SASB·TCFD를 조합하여 활용하는 혼합형 ESG 보고체계를 구축하고 있다.

국제표준 글로벌 프레임워크의 특징

구분	주요 목적	성격	ESG 연계성
SDGs	인류 공동의 지속가능 발전 목표	글로벌 목표체계	ESG 전반 방향성 제시
ISO	경영시스템 표준화	관리·운영 기준	ESG 관리체계 구축
UNGC	윤리·사회책임 경영	원칙 · 참여형	ESG 실천의 윤리적 기반
GRI	지속가능보고 공시	이해관계자 중심	ESG 정보공시 표준
SASB	산업별 ESG 재무공시	투자자 중심	재무적 중요성 중심
ISSB	통합공시(SASB와 TCFD가 ISSB에 통합)	회계기준 연계	ESG 공시 통합표준

출처: 개별 프레임워크의 공개 정보에 기반하여 작성

국제표준 및 글로벌 프레임워크는 기업의 ESG 경영을 위한 전략적 나침반이다. UN SDGs가 무엇을 달성해야 하는지를 제시한다면, ISO·UNGC는 어떻게 운영할지를, GRI·ISSB는 어떻게 보고할지를 안내한다. 기업은 이들 프레임워크를 통합적으로 이해하고 적용함으로써 지속가능한 경쟁력과 글로벌 신뢰를 확보해야 한다.

제3장
기후 및 분류 체계

1. EU Taxonomy

EU Taxonomy는 유럽연합이 기후 대응을 위해서 만든 규범적 분류 체계다. 이 분류체계는 여섯 가지 환경 목표를 가지고 있다.

- 기후 변화 적응
- 수자원 보호
- 자원 순환성 향상
- 오염 방지 및 통제
- 생물다양성 및 생태계 보호

어떤 경제 활동도 이 여섯 목표 중 하나라도 기여하면서 동시에 다른 환경 목표에 심각한 피해를 주지 않아야(DNSH: Do No Significant Harm)하고, 사회적 최소 보호 기준까지 충족해야 지속가능한 활동으로 인정받는다.

예를 들어 화력발전소는 아무리 탄소포집을 하더라도 기후 변화 완화 목표에 어긋나기 때문에 원칙적으로 Taxonomy에서 배제된다. 반면, 풍력발전이나 에너지 효율화 기술 등은 기후 변화 완화 기여도를 입증하면 포함된다.

EU Taxonomy가 단순한 환경 가이드라인이 아니라, 투자 유치, 금융 접근성, ESG 평가에서의 평가기준이 되기 때문에 참고사항이 아니고 생존의 가이드라인이 되고 있다.

EU Taxonomy는 ESG 투자의 세계 표준으로, 특히 금융기관과 다국적 기업의 판단 기준이 된다.

2. K-Taxonomy

K-Taxonomy는 EU Taxonomy를 참고해 한국 정부가 만든 한국형 녹색분류체계다.

K-Taxonomy도 여섯 개 환경 목표를 기준으로 하며, 각 활동이 해당 목표에 어떻게 기여하는지를 중심으로 분류된다. 특이한 점은 K-Taxonomy는 전환활동(Transition Activity)이라는 개념이 포함되어있다. 지금 당장은 친환경이 아니지만, 탄소중립을 위한 과도기적 필요 활동으로 인정되는 분야다.

그 예는 다음과 같다.

- LNG 발전: EU에서는 배제될 가능성이 높지만, K-Taxonomy 에서는 온실가스 감축 경로상 불가피한 에너지 전환 수단으로

조건부 포함될 수 있다.

- 수소 생산: 회색수소는 제외되지만, 청정수소나 블루수소는 일정 기준 하에 포함된다.
- 원자력 발전: K-Taxonomy는 안전성과 폐기물 처리 조건을 만족하면 포함된다.

K-Taxonomy는 국내 금융기관이 그린 금융을 집행할 때 어떤 프로젝트에 자금을 지원해도 되는지 판단하는 기준이다.

K-ESG 평가에서도, 자사의 사업 중 얼마나 많은 비율이 녹색경제 활동으로 분류되는지를 평가 한다. 단순히 친환경 이미지 갖고 있다고 되는 게 아니고, 이 기준에 따라 사업을 수치화해서 입증해야 한다. K-Taxonomy는 한국 기업과 금융기관의 현실을 반영한 실용적 기준으로, 특히 전환기적 산업이나 에너지 믹스를 인정하는 유연성이 있다.

제4장
공급망 ESG 관리
: 리스크에서 경쟁력으로

1. 공급망 ESG의 중요성 및 확산 배경

과거의 공급망 관리가 '비용 절감'과 '효율성'에 집중했다면, 현대의 ESG 경영에서는 공급망 전체의 지속가능성이 기업의 존망을 결정한다. 자사뿐만 아니라 협력사의 환경 오염, 인권 침해 리스크가 모기업의 평판과 재무 성과에 직접적인 타격을 입히는 '연결된 리스크' 시대가 도래했기 때문이다.

공급망 ESG(환경·사회·지배구조) 관리는 오늘날 기업의 지속가능성과 경쟁력을 결정짓는 핵심 전략으로 자리 잡고 있다.

과거에는 기업이 자체적인 환경 관리나 사회공헌 활동에 집중해왔다. 하지만 이제는 원재료 조달에서 글로벌 공급망 전반으로 확대되어 생산, 물류, 판매에 이르는 전 과정에서 발생하는 환경적·사회적 리스크가 기업의 지속가능성을 결정하는 핵심 요소로 떠올

랐다.

공급망 ESG 관리가 중요한 이유는 첫째, 기업이 배출하는 탄소 배출량의 70 ~ 90%가 거래처, 하청업체, 운송업체, 소비자, 폐기업체 등 공급망 단계에서 발생하기 때문이다. 따라서 탄소중립 목표를 달성하기 위해서는 협력사까지 포함한 Scope 3에 대한 공급망 탄소배출 관리가 필수적이다. 둘째, 인권과 노동 문제다. 글로벌 공급망에서는 아동 노동, 강제 노동, 열악한 작업 환경 등 사회적 문제가 여전히 존재하며, 이는 기업의 평판과 신뢰를 직접적으로 위협한다. 셋째, 거버넌스 차원에서는 공급망 내 투명한 계약, 반부패, 책임 있는 조달 체계 구축이 글로벌 규범으로 자리 잡고 있다. 즉, 기업의 ESG 평가는 더 이상 내부 활동에 국한되지 않고, 공급망 전반의 관리 능력을 기준으로 이루어진다.

글로벌 차원에서 공급망 ESG 관리는 이미 제도화 단계에 들어서고 있다. 유럽연합은 기업 지속가능성 실사 지침(CSDDD)을 통해 대기업이 공급망 전체의 인권·환경 리스크를 점검하고 개선하도록 의무화하였다. 미국, 일본, 한국 등도 공급망 ESG 관련 가이드라인과 법적 규제를 강화하는 추세다. 이에 따라 글로벌 대기업들은 협력사 ESG 평가, 현장 실사, 개선 요구서를 통해 공급망 전반의 지속가능성을 관리하고 있다. 또한 CDP, EcoVadis, RBA(Responsible Business Alliance) 등 글로벌 평가기관은 공급망 ESG 수준을 측정하는 도구로 활용되고 있으며, 투자자들은 이 데이터를 근거로 기업의 책임성을 평가한다.

국내에서도 대기업을 중심으로 공급망 ESG 관리가 빠르게 확산되고 있다. 대표적으로 포스코, 삼성, 현대자동차 등은 협력사 행동 규범을 제정하고, 협력업체의 환경·안전·노동·윤리 항목을 평가하며, 미흡한 기업에는 개선 조치를 요구하고 있다. 이는 단순한 규제 대응을 넘어, 지속가능한 공급망을 확보하는 것이 곧 기업의 글로벌 경쟁력임을 보여준다.

결국 공급망 ESG 관리는 단일 기업의 노력만으로는 지속가능성을 확보할 수 없으며, 공급망 전반이 함께 책임을 나누고 협력해야 한다. 따라서 공급망 ESG 관리는 기업이 이해관계자와 사회로부터 신뢰를 얻고 장기적 성장을 도모하는 핵심 인프라로 자리 잡고 있다.

ESG는 단순한 공시 의무를 넘어, 공급망 내 모든 이해관계자의 환경적·사회적·윤리적 책임 이행 여부를 통합적으로 평가하는 기준으로 기능한다. 특히 EU CSRD(기업지속가능성공시지침)와 탄소국경조정제도(CBAM) 등 글로벌 규제 강화로 인해, 공급망 수준의 ESG 실사는 더 이상 선택이 아닌 생존 조건이 되고 있다.

최상위 의사결정기구로서 이사회 산하 ESG 위원회는 공급망 정책의 승인과 주요 리스크 대응 방향을 결정한다. 위원회는 ESG 전략과 공급망 리스크를 통합 관리하며, 평가 결과에 따라 개선 지침을 내리고 기업 전반의 ESG 책임 거버넌스를 유지한다.

ESG 전담 부서는 정책 수립과 관리 총괄 기능을 수행한다. 주요 역할은 공급업체 행동강령(Code of Conduct) 제정, 평가 기준 개발, 이해관계자와의 소통이다. 이 부서는 공급망 ESG 정책의 일관성과 국제표준(예: ISO 26000, RBA, GRI) 부합성을 확보하는 중심축이다.

구매·조달 부서는 ESG 정책의 현장 실행 주체다. 공급업체 선정 시 ESG 평가를 반영하고, 계약서에 ESG 조항을 포함하며, 일상적인 협력업체의 ESG 실적을 관리한다. 이 단계에서 공급망의 실제 지속가능성 수준이 결정된다.

품질·리스크 관리팀은 공급업체의 현장 실사, 리스크 평가, 개선 활동 지원 등을 담당한다. 이 부서는 내부 감사 및 지속 개선 프로세스를 통해 공급망 전반의 ESG 성숙도를 향상시키는 역할을 한다.

2. 글로벌 공급망 평가와 규제
: 에코바디스(EcoVadis)와 CSDDD

기업들은 글로벌 표준에 따라 공급망을 실사하고 관리해야 할 법적 의무에 직면해 있다.

- 에코바디스(EcoVadis) 평가모델: 전 세계 기업들이 가장 많이 활용하는 공급망 CSR 평가 플랫폼이다. 환경, 노동·인권, 윤리, 지속가능 조달 등 4개 분야를 정량적으로 평가하여 기업의 ESG 수준을 등급화하며, 이는 글로벌 대기업과의 거래를 위한 필수 '통행증' 역할을 한다.

- EU 공급망 실사지침(CSDDD): 일정 규모 이상의 기업에 대해 공급망 전 과정에서의 인권 및 환경 실사를 의무화한 강력한 규제다. 이를 위반할 경우 매출액 기반의 막대한 과징금이 부과될 수 있어, 공급망 관리는 이제 선택이 아닌 법적 생존의

문제가 되었다.

1) 에코바디스 평가모델

전 세계 기업들은 글로벌 가치사슬(Global Value Chain) 전반의 ESG 리스크를 관리하기 위해, 공급망 수준의 지속가능성 평가 표준화를 필수적 과제로 인식한다. 이러한 흐름 속에서 EcoVadis(에코바디스)는 기업과 공급업체 간의 신뢰 기반 ESG 평가 플랫폼으로 자리 잡았다.

(1) 에코바디스의 개요

EcoVadis는 180개국, 250개 산업군에서 150,000개 이상의 기업을 대상으로 ESG 평가를 수행하는 세계 최대의 공급망 지속가능성 평가 플랫폼이다. 이 시스템은 단순히 점수를 제공하는 것이 아니라, 기업의 정책·실행·성과를 검증하고, 지속가능한 조달역량을 강화하는 개선 도구로 기능한다. 평가 신청은 자가보고(Self-Assessment) 방식이지만, 기업이 제출한 문서·정책·데이터가 전문가 심사 및 외부 검증 절차를 거치므로 신뢰성이 높다.

(2) 평가 프레임워크의 4대 핵심 축

EcoVadis는 환경, 노동 및 인권, 윤리, 지속가능한 조달의 네 가지 핵심 주제를 중심으로 평가를 수행한다. 이 네 가지 축은 국제표준(ISO 26000, UN Global Compact, GRI Standards 등)과 연계되어 있으며, 공급망 전반의 ESG 리스크를 통합적으로 평가한다.

(3) 평가 방법론과 지표 구조

EcoVadis의 핵심 방법론은 '정책(Policies) - 실행(Actions) - 결과 (Results)'의 3단계 접근이다. 이를 세분화하면 정책, 승인·지지, 실행, 인증, 적용 범위, 보고, 결과의 7가지 평가 지표로 구성된다. 또한, '360°Watch' 기능을 통해 외부 뉴스·NGO 보고서·미디어 데이터 등을 수집하여, 평가의 객관성과 리스크 탐지 능력을 강화한다.

(4) 점수체계와 등급 기준

EcoVadis는 각 평가 항목을 0~100점 사이의 점수로 산정하며, 이에 따라 메달 등급(Medal Level)을 부여한다. 플래티넘(75점 이상), 골드(65~74점), 실버(55~64점), 브론즈(45~54점)으로 구분되며, 평가 결과는 스코어카드 형태로 제공되어 강점, 개선점, 시정조치 계획 (CAP)이 함께 제시된다.

(5) 공급망 ESG 관리에서의 적용 방식

기업은 EcoVadis 결과를 활용하여 ESG 기준에 기반한 공급업체 선정, 개선계획 수립, 리스크 사전 대응, 협력사 교육 및 인식 확산 등을 수행한다. 이를 통해 ESG 리스크의 가시화와 공급망 투명성 확보가 가능해진다.

(6) 한국 기업의 대응과 성과 사례

한국에서도 다수의 대기업이 EcoVadis를 공급망 평가 도구로 활용하고 있다.

EcoVadis는 ESG 경영의 실질적 개선을 이끄는 전략적 플랫폼으로 자리매김하였다. EcoVadis는 단순한 평가 시스템을 넘어, 지속가능한 가치사슬 구축을 위한 글로벌 협력 생태계다. 데이터 기반 ESG 관리체계 확립, 지속가능한 공급망 확산, 투명한 조달정책 강화, 글로벌 경쟁력 제고 등의 효과가 있다. 기업은 이를 통해 ESG 리스크를 실시간으로 관리하고, 평가에서 실행으로의 전환을 이루어 나간다.

2) EU 공급망 실사지침(CSDDD)

2024년 7월 발효된 EU 기업 지속가능성 실사지침(Corporate Sustainability Due Diligence Directive, CSDDD)은 기업의 인권·환경 책임을 법적으로 의무화한 역사적 법안으로서 기업의 지속가능성 의무를 위한 새로운 글로벌 기준이다. 이 지침은 기업이 자사 및 공급망 전체에서 발생하는 인권 침해와 환경 파괴를 식별·예방·완화·구제해야 할 법적 의무를 부여한다. 이는 글로벌 가치사슬 전체를 아우르는 책임경영의 강제화라는 점에서 기존의 CSR·ESG 규범을 넘어서는 새로운 전환점을 제시한다.

(1) 제정 배경과 주요 목적

CSDDD는 기업의 책임성 강화, 피해자 구제 보장, 지속가능한 비즈니스 환경 조성이라는 세 가지 핵심 목적을 지닌다. 이는 UN 기업과 인권이행원칙(UNGP), OECD 다국적기업 가이드라인, ILO 핵심 협약 등 국제기준을 법제화한 것으로, ESG 경영을 '선택'이 아닌

'의무'로 전환시켰다.

(2) 적용 대상과 시행 일정

CSDDD는 기업 규모와 매출 기준에 따라 3단계로 시행된다. 1단계(2028): 직원 5,000명·매출 15억 유로 이상, 2단계(2029): 직원 3,000명·매출 9억 유로 이상, 3단계(2030): 직원 1,000명·매출 4.5억 유로 이상. EU 집행위원회는 약 6,000개의 EU 기업과 900개의 비EU 기업이 적용 대상이 될 것으로 전망한다.

(3) 의무사항과 심사대상 영역

기업은 실사 절차를 수행해야 한다. 리스크 식별·평가, 예방 및 완화 조치, 피해 구제, 모니터링 및 보고 등 기후 전환 계획을 수립하고, 이해관계자와의 협의 절차를 포함하게 된다.

심사대상영역에서 인권 영역에는 아동·강제 노동 금지, 안전한 근로환경, 결사의 자유, 성평등, 토착민의 권리, 적정임금 등이 포함된다. 환경 영역에서는 생물다양성 보전, 오염방지, 순환경제, 폐기물 관리, 화학물질 안전, 탄소감축 등이 해당된다.

(4) 한국 기업에 대한 영향과 대응전략

EU 내 매출이 일정 기준을 초과하는 한국 대기업은 직접적인 법적 의무를 지게 되며, 공급망에 편입된 중소기업도 간접적 실사 요구를 받게 된다. 협력업체들도 인권·환경 정책과 리스크 평가 자료를 제시해야 한다. 한국 기업의 대응 전략으로는 현황 진단 및 실사 거버넌스 구축, 공급망 관리 강화, 리스크 기반 접근, 그리고 투명한 보고체계 확립을 중심으로 단계적 대응이 필요하다.

대기업은 전담팀과 예산, 시스템을 보유하지만, 공급망 규모가 커 실행이 어려운 면이 있다. 따라서 협력사 교육, 공동 실사 시스템, 간소화 서식 등을 통해 동반성장을 도모해야 한다. 중소기업은 의지는 있으나 인력과 비용면에서 어려움을 겪는다.

3) 공급망 관리(SCM)[17] 성공사례

① 삼성전자 - 디지털 통합 기반의 글로벌 공급망 혁신

삼성전자는 반도체, 스마트폰 등 수천 개의 부품을 전 세계 공급업체로부터 조달하며, 복잡한 글로벌 공급망을 운영하고 있다. 특히 반도체 산업은 수요 예측에 대한 불확실성이 높고 납기 지연 리스크로 인해, 공급망의 가시성과 예측력이 핵심 경쟁요소였다.

삼성전자는 ERP(전사자원관리), MES(생산실행시스템), SCM(공급망관리) 등 핵심 운영 시스템을 하나의 디지털 통합 플랫폼으로 연결하였다. 이를 통해 생산·물류·재고 데이터를 실시간으로 모니터링하고, AI 기반 수요예측 시스템을 도입하여 생산계획의 정확도를 대폭 향상시켰다.

이 결과 글로벌 생산라인의 실시간 가시성을 확보하고, 수요예측

---

17 SCM(Supply Chain Management): 공급망 전체를 관리하는 것. '원재료 → 생산 → 물류 → 판매 → 고객'의 모든 흐름을 하나로 통제하는 시스템. 기업은 SCM을 통해 공급망 전반의 ESG 리스크를 관리하고, 관련 데이터를 체계적으로 수집·보고한다.

정확도 약 20% 향상, 납기 준수율 상승 및 비용 절감 등의 효과를 거두었다. 디지털 전환을 통한 예측형 공급망(Predictive SCM) 구축 은 삼성전자의 핵심 경쟁력으로 자리잡았다.

② 현대자동차 - 위기 속 공급망 복원력(Resilience)의 확보

2020년 코로나19 팬데믹과 반도체 공급난은 자동차 산업 전반에 생산 차질을 초래하였다. 다수의 글로벌 자동차 제조사들이 장기간 생산 중단을 겪었지만, 현대자동차는 비교적 신속히 위기를 극복하 며 공급망 복원력을 입증하였다.

현대차는 공급선의 집중 의존 리스크를 완화하기 위해 공급선 다 변화 및 부품 대체 전략을 추진하였다. 또한 협력사와의 긴밀한 정 보공유 체계를 통해 재고 현황과 생산 일정을 실시간으로 파악하 고, 버퍼 재고시스템을 운영하여 돌발 상황에 대비했다. 내부적으 로는 설계 표준을 유연하게 변경할 수 있는 구조를 마련해 부품 교 체에 소요되는 시간을 단축시켰다.

그 결과 경쟁사 대비 조기 생산 정상화에 성공하고, 공급 리스크 를 최소화하며 고객 납기를 준수할 수 있었다. 현대차의 사례는 공 급망 다변화·협업·유연성이 위기 대응력의 핵심임을 보여준다.

(3) CJ제일제당 – 콜드체인 혁신을 통한 스마트 SCM 고도화

식품산업은 신선도와 속도가 생명이다. CJ제일제당은 신선식품과 냉동식품의 전국 물류망을 안정적으로 운영해야 하는 동시에, 수요 예측의 오차로 인한 재고 과잉과 폐기 문제를 해결해야 했다.

CJ제일제당은 콜드체인(Cold Chain) 물류망을 고도화하고, AI 기반 수요 예측 및 VMI(Vendor Managed Inventory) 시스템을 도입하여 재고를 자동으로 관리하였다. 또한 물류 자회사 CJ대한통운과 연계하여 전국 단위의 스마트 물류 센터를 운영, 실시간 온도 모니터링과 최적 배송 경로를 통해 효율을 극대화했다.

삼성전자·현대자동차·CJ제일제당 공급망 관리

구분	핵심 성공요소	주요 시사점
삼성전자	디지털 통합 데이터 기반 예측	예측형공급망으로전환, 글로벌 리스크 대응력 강화
현대자동차	공급선 다변화 협력 네트워크	위기 상황에서도 신속한 복원력 확보
CJ제일제당	콜드체인+ AI + ESG	물류 효율성·환경책임·고객신뢰 동시 달성

이 세 가지 사례는 데이터와 기술, 협력 구조, ESG 전략이 결합된 공급망 관리의 핵심 성공요인을 보여준다. 즉, 기업의 경쟁력은 생산 효율성만이 아니라 위기 대응력, 지속가능성, 그리고 고객 신뢰 확보에 달려 있음을 시사한다.

제5장
탄소중립(Carbon Neutral)과
넷제로(Net-Zero) 전략

지속가능경영의 가장 시급한 과제는 탄소중립이다. 기업은 단순히 배출권을 구매하는 방식에서 벗어나, 직접 배출(Scope 1), 에너지 사용에 따른 간접 배출(Scope 2), 그리고 공급망 전체의 배출(Scope 3)까지 관리하는 포괄적 넷제로 전략을 수립해야 한다. 특히 Scope 3 비중이 높은 제조 기업들에게는 제품 설계 단계부터 재활용을 고려하는 순환경제 모델 도입이 필수적이다.

1. 탄소중립과 넷제로의 개념

탄소중립은 인간 활동으로 배출된 이산화탄소(CO_2)의 양과 자연 또는 인공적 방법을 통해 흡수되는 양이 균형을 이루어 실질적인 순 배출량을 0으로 만드는 상태를 의미한다. 배출감축과 흡수증대를 통해 달성되며, 대표적인 방법으로 산림 복원, 에너지 효율 향상, 탄소포집저장기술(CCUS) 등이 있다.

한편 넷제로는 탄소중립보다 더 포괄적인 개념으로, CO_2뿐 아니라 메탄(CH), 아산화질소(N_2O), 불소계 온실가스 등 모든 온실가스의 순배출량을 0으로 만드는 것을 의미한다. 넷제로는 탄소중립을 포함하는 상위 개념으로 기후변화 대응의 범위가 더 넓다.

탄소중립은 CO_2 중심의 접근으로, 배출 감축과 흡수 중심의 전략을 취한다. 반면 넷제로는 모든 온실가스를 종합적으로 관리하며 시스템적 전환을 요구한다. 또한 넷제로는 파리협정의 1.5℃ 목표 달성을 위한 필수 조건으로 자리 잡고 있다.

파리협정은 2015년 196개국이 참여한 국제조약으로, 산업화 이전 대비 지구 평균기온 상승을 2℃ 이하, 나아가 1.5℃ 이하로 억제하는 것을 목표로 한다. 이를 위해 각국은 자발적 감축목표(NDC)를 제출하고 2050년까지 전 지구 온실가스 배출을 넷제로로 만드는 데 합의하였다.

IPCC 보고서에 따르면, 1.5℃ 상승과 2℃ 상승의 차이는 단순한 수치의 문제가 아니라 인류 생존의 경계선이다. 1.5℃ 상승 시 극한 폭염은 약 4배 증가하지만, 2℃ 상승 시에는 6배 이상으로 확대된다. 이 차이는 해수면 상승, 식량 안보, 생태계 붕괴 등 전 영역에 영향을 미친다. 온실가스를 관리하는 국제기준으로는 ISO 14064(온실가스 검증), ISO 14067(탄소발자국)[18], ISO 50001(에너지경영시스템) 등

---

18 ISO 14067: Greenhouse gases — Carbon footprint of products — Requirements

이 있다. 정책적으로는 파리협정, EU 탄소국경조정제도(CBAM), 한국의 2050 탄소중립 시나리오 등이 대표적이다. 이들은 공급망 전반의 배출 감축을 요구하며, 특히 Scope 3(간접배출)[19] 관리 강화로 이어진다.

2. 한국의 탄소중립 목표와 현황

한국은 2030년까지 2018년 대비 40% 온실가스 감축을 목표로 설정했다. 2050년까지 탄소중립을 달성하기 위해 A안(1.5℃ 경로)과 B안(2℃ 경로)의 두 가지 시나리오를 제시했다. A안은 석탄발전 전면 중단과 재생에너지 70.8% 확대를, B안은 LNG 발전 일부 유지와 CCUS 기술 활용을 포함한다.

그러나 Climate Action Tracker는 한국의 감축 목표를 매우 불충분(Highly insufficient)하다고 평가하고 있으며, 현재 재생에너지 발전 비중은 약 6%에 불과하다. 넷제로 트래커(Net-Zero Tracker)에

---

and guidelines for quantification and communication. 제품 수준에서의 탄소발자국(Carbon Footprint)을 계산하고 공표하는 국제 표준. 제품의 전체 생애주기(LCA, Life Cycle Assessment)를 고려해, 원료 채취 → 생산 → 유통 → 소비 → 폐기까지 모든 단계에서 발생한 온실가스를 정량화 함.

19 · Scope 1: 기업이 직접 배출하는 온실가스(예: 자체 공장에서 나오는 CO_2)
· Scope 2: 외부에서 구입한 전기, 열, 스팀 사용으로 인한 간접 배출
· Scope 3: 공급망 전체에서 발생하는 간접 배출. 제품의 원재료 생산, 운송·물류, 소비자가 제품을 사용하는 동안 나오는 배출을 포함. Scope 3은 기업이 직접 통제하지 않는 배출이지만, 전체 온실가스 배출의 70~90%를 차지함

따르면, 포브스 글로벌 2000대 기업 중 절반 이상이 탄소중립 혹은 넷제로 목표를 설정했다. 이는 기업이 규제 대응을 넘어 투자유치와 브랜드 신뢰 확보를 위한 전략으로 탄소중립을 인식하고 있음을 보여준다.

3. 탄소중립 달성을 위한 핵심 기술

탄소중립 목표를 이루기 위해 첫째, 태양광과 풍력 발전의 효율을 높이고 이를 안정적으로 활용하는 것이 필요하다. 이를 위해 대용량 에너지저장장치(ESS) 기술개발이 필수적이다. 둘째, 재생에너지로부터 생산한 전력을 활용해 이산화탄소 배출 없이 수소를 생산하는 그린수소 기반의 수소경제 기술이 주목받고 있으며, 이는 발전, 운송수단, 산업공정 전반에 활용된다. 셋째, 산업 활동에서 발생하는 이산화탄소를 포집(Capture)하고, 이를 지하에 저장하거나 자원으로 재활용하는 CCUS(Carbon Capture, Utilization and Storage) 기술 역시 탄소중립 실현을 위한 핵심 기술로 손꼽힌다.

4. 부문별 탄소중립 전략

전력 부문에서는 석탄발전의 단계적 폐지와 재생에너지 비중 확대가 핵심이다. 산업 부문에서는 철강·시멘트 등 다배출 업종의 공정 혁신과 RE100 대응이 중요하다. RE100(Renewable Energy 100)은 사용하는 전력 100%를 재생에너지로만 쓰겠다고 선언하는 글로벌 이니셔티브다. 건물 부문에서는 단열 강화, 고효율 설비 보급, 태양광 일체형 건물이 주된 전략이다. 수송 부문에서는 전기차 및 수소차 보급 확대와 충전 인프라 확충이 요구된다.

5. 글로벌 탄소중립 동향

유럽연합은 2050년 탄소중립을 법제화하고 2030년까지 55% 감축을 목표로 하는 Fit for 55 패키지를 추진 하고 있다. 미국은 인플레이션 감축법(IRA)을 통해 청정에너지 투자 확대에 나섰으며, 중국은 2060년 탄소중립을 목표로 하고 있다. 이를 위해 2030년까지 탄소배출을 정점에 이르게 한 뒤 그 이후 꾸준히 줄여나가 2060년까지 순배출을 0으로 만들겠다는 탄소중립계획을 발표했다.

탄소중립과 넷제로는 인류의 생존과 직결된 과제다. 한국은 2030년 국가 온실가스 감축목표(NDC)와 2050년 탄소중립 달성을 위해 에너지, 산업, 기술, 제도 전반의 구조적 혁신을 추진하는 전략을 수립했다. 탄소중립 전환은 도전이자 기회이며, 정부·기업·시민사회가 협력할 때 기후 위기를 극복하고 지속가능한 사회로 나아갈 수 있다.

제6장
탄소중립과 디지털 전환
: DX와 ESG의 융합

1. 디지털 기술과 ESG의 융합

디지털 전환(DX)[20]은 ESG 목표를 달성하기 위한 가장 강력한 도구다. 이는 디지털 기술을 통해 자원 사용을 최적화하고 에너지 효율을 극대화함으로써 환경 부하를 줄이는 메커니즘을 의미한다.

탄소중립과 디지털 전환은 21세기 지속가능경영의 두 축으로, 하나는 지구적 생태 위기 대응, 다른 하나는 기업 경쟁력 혁신을 상징한다. 전자는 에너지 효율화와 배출 저감 중심의 환경 전략이며, 후

---

20 DX(Digital Transformation): 기업을 데이터 중심으로 전환하는 것.
 · MES → 공장에서 데이터 생성
 · SCM → 공급망 데이터 연결
 · XBRL → 데이터 표준화
 · CSRD → 외부 공시
 이 모든 과정을 하나로 통합하는 개념이 DX다.

자는 데이터 기반 경영과 자동화를 통한 효율성 제고 전략이다. 이 두 개념은 별개의 정책이 아니라, 상호보완적이고 융합적인 ESG 경영 패러다임의 근간으로 작용한다. 즉, 디지털 기술은 탄소중립 목표 달성을 위한 핵심 도구이며, 탄소중립은 디지털 전환의 사회적 정당성을 강화한다.

2. 디지털 전환의 지속가능경영적 가치

디지털 전환(Digital Transformation, DX)이란 정보통신기술(ICT), 인공지능(AI), 사물인터넷(IoT), 클라우드, 빅데이터 등을 활용하여 경영 전반의 효율성과 투명성을 높이는 과정이다. ESG 경영에서 DX는 단순한 자동화가 아니라, 데이터 투명성, 리스크 예측, 지속가능 가치 창출을 위한 인프라 구축을 의미한다.

환경(E) 영역에서는 AI 기반 에너지 모니터링과 탄소 데이터 플랫폼이 활용되고, 사회(S) 영역에서는 근로환경 모니터링과 공급망 인권 리스크 예측이 가능해진다. 지배구조(G) 영역에서는 블록체인 기반 공시 투명성과 디지털 리스크 관리가 강화된다. 결국 디지털 기술은 ESG 성과의 정량화와 실시간 검증을 가능하게 한다.

IoT 센서와 클라우드 기술을 통해 공정별 배출 데이터를 실시간 수집하고, AI 분석으로 감축 우선순위를 도출한다. 이를 통해 정책 대응 속도와 운영 효율성을 동시에 달성할 수 있다.

EcoVadis, Sedex 등 글로벌 플랫폼은 공급망 ESG 데이터를 디지털 방식으로 수집·평가한다. 이는 협력사 탄소관리의 표준화와 검증 체계를 강화하여 지속가능한 가치사슬 구축을 가능하게 한다.

디지털 기반 탄소관리 솔루션, 탄소배출권 거래 플랫폼, 에너지 AI 기업 등이 새로운 그린테크 산업 생태계로 부상하고 있다. 탄소중립과 디지털 전환의 융합은 환경책임과 경제성장의 선순환 구조를 형성한다.

탄소중립은 "왜 변화해야 하는가"에 대한 답이고, 디지털 전환은 "어떻게 변화할 것인가"의 실행 전략이다. 기업은 데이터 기반 탄소감축 시스템을 구축하여 디지털 거버넌스를 강화하고, 공급망 ESG 투명성 확보를 통해 지속가능한 경영혁신을 완성한다.

3. ESG 데이터 플랫폼 및 AI 활용

1) ESG 경영의 핵심으로 부상한 데이터

ESG는 단순한 기업의 홍보 전략이 아닌 수치화 가능한 정량적 데이터 기반의 실천 영역으로 진화하고 있다. 특히 탄소중립 목표 달성을 위해 기업들은 온실가스 배출량, 에너지 사용량, 재생에너지 비율 등 수많은 환경 관련 데이터를 수집하고 관리해야 한다. 이러한 데이터는 비재무정보로 분류되지만, 현재는 투자자와 이해관계자들에게 핵심 판단 지표가 되고 있다.

2) ESG 통합 데이터 플랫폼의 등장

다양한 ESG 지표들이 상이한 포맷으로 존재하면서, 이를 표준화하고 통합 관리하는 플랫폼의 필요성이 부상했다. 한국에서도 K-ESG 가이드라인 도입 이후, 기업들 역시 자체 플랫폼을 구축하거나 외부 서비스와의 연계를 시도하고 있다. 이러한 통합 플랫폼은 다음과 같은 기능을 수행한다.

- ESG 지표 자동 수집 및 시각화
- 탄소배출량 실시간 모니터링
- 지속가능성 리스크 분석 및 보고서 자동 생성
- 공급망 내 ESG 리스크 통합 관리

3) 디지털 전환과 ESG의 동반 성장

디지털 전환은 ESG를 가능하게 하는 기술이자 측정 가능한 프레임으로 바꿔주는 도구다. ESG의 모든 활동이 데이터화되고 그 데이터를 활용해 의사결정의 정밀도를 높이며 사회적 가치 창출까지 확장시키는 과정이다. 특히 한국은 디지털 인프라가 탄탄한 만큼 ESG와 AI의 융합 속도 역시 글로벌 선두권에 위치할 가능성이 크다.

제7장
ESG와 현실적 도전과제
: 그린워싱과 비용 장벽

ESG는 오늘날 기업 경영의 중심에 놓여 있으나, 현실적 도전과제들은 이 개념이 단순한 선언을 넘어 진정한 시스템으로 정착되기 위해 넘어야 할 여러 고비가 존재함을 시사한다.

첫째, ESG 평가기관의 신뢰성과 한계가 있다. 현재 MSCI, Sustainalytics, 한국ESG기준원 등 주요 평가기관은 각기 다른 기준과 가중치를 적용하고 있어 동일 기업임에도 서로 다른 등급을 부여받는 경우가 다수 발생한다. 이는 평가 기준의 표준화 부재, 기업 공시 정보의 불균형, 정성적 요소의 주관성, 과거 중심의 평가 접근 방식 등에서 기인한다. 이로 인해 기업은 실질적 개선보다는 점수 맞추기식 ESG 활동에 매몰되기 쉽고, ESG 본연의 지속가능성 추구 목적에서 이탈하는 부작용이 초래된다.

둘째, 그린워싱 문제가 심각하게 대두되고 있다. 기업이 실제보다 과장된 친환경 이미지를 소비자에게 전달하거나, 허위 공시를 통해 지속가능성 기업이라는 인식을 심어주는 사례가 잇따르고 있다. 기아 SUV의 숲속 광고, 폭스바겐 디젤게이트 등은 이러한 문제의 대표적 사례로, ESG에 대한 소비자 신뢰를 훼손시키고 있다. 이에 대한 대응 전략으로는 EU CSRD나 ISO 14068[21] 등과 연계된 표준화된 측정 기준 마련, 제3자 검증의 강화, 공시의 투명성 확보가 요구된다.

셋째, 중소기업의 ESG 도입은 구조적으로 난관에 부딪히고 있다. 인력 부족, 정보 비대칭, 예산 제약, 경영진 인식 부족, 내부 참여 저조 등 다층적 제약이 복합적으로 작용하고 있으며, 이는 ESG를 선택이 아닌 거래 조건으로 인식해야 하는 현실에서 더욱 큰 부담으로 작용한다. 이를 해결하기 위해 정부의 실질적 지원 확대, 업종 맞춤형 ESG 가이드라인 제공, 공동 교육과 컨설팅 체계 구축이 절실하다.

넷째, 기술혁신은 ESG의 위협이자 기회다. 탄소 저감 기술, 재생에너지, AI 윤리, 블록체인 기반 공시 투명성 확보 등 기술은 ESG 실행력을 높이는 동력으로 작용할 수 있다. 그러나 이를 위해서는 R&D 단계에서부터 ESG 목표를 통합적으로 설정하고, 기술성과와 ESG KPI의 연계 평가체계를 마련해야 한다.

다섯째, MZ세대와의 소통은 ESG 시대의 핵심 관건이다. 이들은

---

[21] ISO 14068은 국제표준화기구(ISO)가 만든 탄소중립(Climate Neutrality) 검증을 위한 가장 최신의 국제 인증 기준. 이 기준은 단순히 "탄소중립 했어요~"라는 선언을 넘어서, 어떻게 계산했는지, 어디까지 감축했는지, 남은 배출은 어떻게 상쇄(offset)했는지, 어떻게 투명하게 증명할 수 있는지를 국제적으로 검증하는 기구.

제품 품질보다 기업의 태도와 진정성을 평가하며, 참여형 소비를 실천한다. 진정성 있는 ESG 커뮤니케이션을 위해서는 디지털 플랫폼을 통한 스토리텔링, 참여 기반 캠페인, 투명한 피드백 시스템이 필수적이다.

여섯째, ESG 인프라 구축에 드는 초기 비용은 단기 재무 성과에 부담을 줄 수 있고 단기 비용과 장기 가치의 충돌이 있을 수 있다. 이를 극복하기 위해서는 경영진의 확고한 의지와 함께 ESG를 '비용'이 아닌 미래 성장을 위한 '투자'로 바라보는 인식의 전환이 필요하다.

이처럼 ESG의 도전과제는 단일 영역에 국한되지 않으며, 평가 시스템, 커뮤니케이션, 기술, 정책, 조직문화 등 다양한 영역에 걸쳐 통합적으로 대응해야 한다.

제3부

ISO 국제표준과
ESG 경영

제1장
ESG 경영과 ISO의
구조적 연계

ESG가 기업이 지향해야 할 목적이라면, ISO 국제표준은 그 목적을 달성하기 위한 구체적인 실행 수단이자 매뉴얼이다. ISO 표준은 특정 국가의 자의적 기준이 아닌 국제적 합의에 기반하므로, ESG 성과의 객관적 신뢰성을 담보하는 핵심 인프라로 기능한다.

1. ISO의 개념

ISO는 전 세계적으로 통용될 수 있는 다양한 산업 및 기술 분야의 표준을 제정하는 비영리 국제기구다.

1947년에 설립된 이 기구는 현재 160개 이상의 국가가 회원으로 참여하고 있고, 우리나라도 가입되어있다. ISO는 전 세계 누구나 같은 기준으로 제품을 만들고, 서비스를 제공하고, 정보를 교환할 수 있도록 통일된 기준을 만들어준다.

ESG 경영과 ISO 표준은 기업의 지속가능성과 책임경영을 강화하는 데 있어 긴밀하게 맞물려 있는 구조다. ESG가 '무엇을 해야 하는가'를 말해준다면, ISO는 '어떻게 해야 하는가'를 구체적으로 알려주는 매뉴얼이다.

즉, ISO는 ESG의 추상적인 방향성을 경영에 구체적으로 반영될 수 있도록 도와주는 도구이자 기준이다. 이 둘은 함께 움직이며 역할을 담당한다. ESG경영이 지속가능경영으로 나아가기 위해서는 ISO 시스템으로 검증되어야 한다. ESG는 목적이고, ISO는 그 목적을 실행 가능한 방법으로 바꾸는 수단이다.

지속가능경영이 국제적으로 제도화되는 과정에서, ISO표준은 기업들이 환경, 사회, 지배구조 측면의 성과를 체계적으로 관리하고 평가할 수 있는 중요한 도구가 되었다. ISO 표준은 특정 기업이나 국가의 자의적 기준이 아니라, 국제적으로 합의된 절차와 지침을 제공함으로써 지속가능경영의 실행 가능성과 신뢰성을 높이는 역할을 한다.

2. ESG와 ISO 표준의 접점

ESG의 세 가지 핵심 영역인 환경, 사회, 지배구조는 각각 특정한 ISO 표준들과 직접적이고 체계적인 연관성을 갖고 있다.

ESG와 ISO 53001 간의 연계는 지속가능경영의 전략적 틀과 실행

체계의 통합이라는 점에서 자연스럽게 연결될 수 있다.

ESG는 기업의 비재무적 가치와 지속가능성 평가 기준으로서, 투자자와 이해관계자들에게 기업의 장기적 리스크와 기회를 판단하는 데 중요한 역할을 한다. 특히 기후변화 대응, 노동권 보호, 투명한 지배구조 등에서 책임을 요구하는 구조다.

한편, ISO 53001은 지속가능성과 혁신을 동시에 추구하는 경영 시스템 표준으로, 조직이 중장기적 생존 가능성과 혁신 역량을 확보하기 위한 프레임워크를 제시한다. 여기에는 전략적 계획, 이해관계자 관리, 지속 가능한 가치 창출, 그리고 성과 모니터링 체계 등이 포함된다.

이 둘은 다음과 같은 방식으로 연계될 수 있다.

ESG의 원칙을 ISO 53001의 실행체계로 통합한다. ESG의 각 요소 (E, S, G)는 ISO 53001의 이해관계자 분석, 리스크 관리, 성과 평가 등의 모듈에 자연스럽게 통합된다. 예를 들어, 환경(E) 측면에서 ISO 53001은 친환경 프로세스 혁신 전략을 요구하고, 사회(S)에서는 노동 조건 개선 및 공급망 윤리 경영이 포함된다.

1) PDCA 사이클과 지속 개선

ESG와 ISO는 둘 다 PDCA(Plan-Do-Check-Act)라는 관리의 기본 원칙을 따른다. ISO의 모든 경영 시스템은 기본적으로 PDCA 사이클을 기반으로 움직인다. 즉, 계획 수립 → 실행 → 성과 점검 → 개선이라는 순환 구조를 만들어 준다.

결국, ESG의 원칙을 지속 가능하게 운영하려면 ISO 같은 프로세스 기반 인증 체계가 뒷받침돼야 현실화될 수 있다.

2) 리스크 기반 사고

ESG는 리스크와 기회 관리에서 출발하여 "이대로 가다간 기후 재앙, 노동 이슈, 지배구조 문제로 큰 손실을 입을 수 있다"라는 경고를 보낸다.

ISO 9001(품질경영), ISO 45001(산업안전보건), ISO 31000(리스크 관리) 등은 이런 리스크를 시스템적으로 식별하고, 평가하고, 대응하는 프레임워크를 제공한다.

ESG의 '왜'와 ISO의 '어떻게'가 리스크 관리라는 언어로 접점을 형성하게 된다.

3) ESG가 이념이라면, ISO는 도구다

둘은 추상과 구체, 목적과 수단, 가치와 방법이라는 관점에서 상호보완적인 구조다. ESG 경영을 제대로 하려면, 결국 ISO 같은 경영 시스템이 반드시 필요하다.

그렇지 않으면 기업은 "우리 ESG 합니다!"라고 선언만 하고, 실제론 뭐가 어떻게 되고 있는지 추적도 못하는 상황에 빠지게 된다. ESG와 ISO는 서로 독립적이면서도 유기적으로 맞물리는, 현대 경영의 양날개다.

제2장
ESG 경영 운영 체계

ESG를 경영 운영 체계로 전환하는 과정은 단기간에 완성될 수 있는 과제가 아니다. 그러나 이사회 거버넌스, CEO KPI, 보상 체계, 전략·예산·리스크 관리의 유기적 통합을 통해 ESG는 기업 경영의 중심으로 이동할 수 있다. 이는 ESG가 규제 대응이나 평판 관리 수단을 넘어, 지속가능한 기업가치를 창출하는 핵심 경영 프레임으로 기능하게 만드는 핵심 조건이다.

ESG가 기업 경영의 핵심 요소로 자리 잡았다는 점에는 이제 이견이 없다. 그러나 많은 기업에서 ESG는 여전히 특정 부서가 관리하는 보고·평가 대상에 머물러 있으며, 경영의 중심에서 의사결정을 좌우하는 운영체계(Operating System)로 완전히 내재화되지는 못하고 있다.

ESG를 일회성 프로젝트나 공시 대응 수단이 아닌, 지속가능한 경쟁력을 창출하는 경영 운영 체계로 만들기 위해서는 지배구조, 성과관리, 보상 체계, 전략·예산·리스크 관리 전반에 걸친 구조적 통합이 필수적이다.

1. 이사회·위원회 구조

ESG의 경영 내재화는 이사회 차원의 구조 설계에서 출발한다. 이사회는 ESG를 단순한 윤리·사회적 책임 이슈가 아닌 기업가치와 리스크를 좌우하는 전략적 사안으로 인식하고, 이를 감독할 공식적인 거버넌스 체계를 구축해야 한다.

최근 글로벌 선도 기업들은 이사회 산하에 지속가능경영위원회, ESG위원회, 또는 리스크위원회를 설치하여 환경·사회·지배구조 이슈를 정기적으로 심의하고 있다. 이 과정에서 중요한 것은 위원회의 형식이 아니라, ESG 안건이 실제로 전사 전략, 투자 결정, 리스크 관리와 연결되어 논의되는 구조를 갖추는 것이다.

또한 이사회 구성원들의 ESG 전문성 역시 중요하다. 기후변화, 인권, 공급망 실사, 지속가능금융 등 복합적인 이슈를 이해하지 못한 상태에서는 효과적인 감독이 어렵다. 따라서 이사회 역량 매트릭스에 ESG 전문성을 명시적으로 포함시키고, 외부 전문가 자문 또는 정기 교육을 병행하는 것이 바람직하다. 이러한 구조는 ESG를 최고 의사결정 수준에서 관리되는 경영의 핵심 축으로 격상시키는 역할을 한다.

2. CEO의 핵심성과지표(KPI)와 ESG 연동

ESG가 경영 운영 체계로 작동하기 위해서는 최고경영자의 책임과 역할이 명확히 설정되어야 한다. CEO의 관심과 의지가 ESG 성과의 수준을 좌우한다는 점은 이미 다양한 연구와 사례를 통해 확인되고 있다. 이에 따라 선도 기업들은 ESG 목표를 CEO의 핵심성과지표(KPI)에 직접 연동시키는 방식을 채택하고 있다.

이때 중요한 것은 ESG KPI를 추상적 선언 수준에 머물게 하지 않고, 측정 가능하고 관리 가능한 지표로 설정하는 것이다. 예를 들어 온실가스 감축 목표, 중대 인권 리스크 관리 수준, 안전사고 발생률, 공급망 ESG 평가 결과, 공시 신뢰도 등은 CEO KPI로 활용될 수 있다. 이러한 연동 구조는 ESG를 '잘하면 좋은 것'이 아니라, 성과로 관리해야 할 경영 과제로 전환시키는 효과를 갖는다.

또한 ESG KPI는 단기 성과 중심의 지표와 중장기 목표를 균형 있게 결합할 필요가 있다. 이는 ESG가 단기간에 가시적 성과를 내기 어려운 영역이라는 특성을 고려한 것으로, 지속가능한 가치 창출이라는 ESG의 본질과도 부합한다.

3. 성과 보상과 ESG

성과 보상 체계는 조직 구성원의 행동을 결정짓는 가장 강력한 수단 중 하나다. ESG가 경영 운영 체계로 기능하기 위해서는 임원 및 핵심 인력의 보상 체계에 ESG 성과가 실질적으로 반영되어야 한다.

최근 글로벌 기업들은 단기 성과급뿐 아니라 장기 인센티브 제도(LTI)에 ESG 지표를 포함시키는 추세를 보이고 있다. 이는 ESG 성과를 단기 비용이 아닌 장기 기업가치와 연계된 요소로 인식하고 있음을 의미한다.

보상 연계 시 유의할 점은 형식적 반영을 지양하고, ESG 성과가 실제 보상 수준에 유의미한 영향을 미치도록 설계하는 것이다. 단순히 ESG 항목을 나열하는 방식은 조직의 행동 변화를 이끌어내기 어렵다. 따라서 기업은 ESG 목표 달성 여부를 명확히 평가할 수 있는 기준을 설정하고, 그 결과를 보상에 투명하게 반영해야 한다. 이는 ESG가 조직 전반의 의사결정과 실행 과정에 실질적으로 통합되는 계기를 마련한다.

4. 전략·예산·리스크와 ESG 통합

ESG를 경영 운영 체계로 만드는 마지막 단계는 전략 수립, 예산 편성, 리스크 관리 프로세스에 ESG를 통합하는 것이다. ESG는 별도의 전략이 아니라, 기업 전략 자체를 재정의하는 관점에서 접근되어야 한다.

기업의 중장기 전략 수립 과정에서 ESG 이슈는 시장 기회와 리스크를 동시에 내포한 요소로 분석되어야 하며, 이는 투자 우선순위와 사업 포트폴리오 조정에 직접적인 영향을 미친다.

예산 측면에서도 ESG는 선언적 목표에 그쳐서는 안 된다. 탄소 감축, 안전 투자, 공급망 실사, ESG 데이터 시스템 구축 등은 명확한 예산 배분을 통해 실행력을 확보해야 한다. 예산에 반영되지 않은 ESG 전략은 실질적 실행으로 이어지기 어렵다.

마지막으로 리스크 관리 측면에서 ESG는 전통적 재무 리스크와 통합적으로 관리되어야 한다. 기후 리스크, 인권 리스크, 규제 리스크, 평판 리스크 등은 기업의 재무 성과와 직결되는 요소로, COSO ERM과 같은 전사적 리스크 관리 체계 내에서 관리될 필요가 있다. 이러한 통합적 접근은 ESG를 단순한 비재무 요소가 아닌, 기업 생존과 경쟁력을 좌우하는 핵심 경영 변수로 자리매김하게 한다.

제3장
글로벌 규제 대응
: 공시에서 실사로

21세기 기업경영의 패러다임은 단순한 이윤 창출에서 책임과 투명성으로 급격히 이동하고 있다. 이러한 변화의 중심에는 유럽연합(EU)이 주도하는 지속가능성 규제체계, 즉 CSRD(Corporate Sustainability Reporting Directive)와 CSDDD(Corporate Sustainability Due Diligence Directive)가 있다. 두 제도는 ESG를 선택적 경영이 아닌 법적 의무로 전환시킨 역사적 전환점으로 평가된다.

1. ISSB 지속가능성 공시 기준

국제지속가능성기준위원회(ISSB)가 제정한 지속가능성 공시 기준은 전 세계 기업이 환경·사회·지배구조와 관련된 정보를 통일된 방식으로 공시할 수 있도록 한 최초의 글로벌 기준이다. ISSB는 이 기준의 첫 번째 시리즈로 두 가지 기준을 제정했다. 하나는 IFRS S1—일반 지속가능성 관련 공시 기준, 다른 하나는 IFRS S2—기후 관련 공시 기준이다. 이 두 기준은 상호 연계되어 있으며, 기업이 투자자에게 재무적으로 중요한 지속가능성 정보를 공정하고 일관되게 전달할 수 있도록 설계되었다. IFRS S1은 무엇이든 지속가능성과 관련된 재무적 영향을 주는 정보에 대해, IFRS S2는 그중에서도 기후 관련 정보에 대해 각각 어떻게 공시할지를 정한 국제 기준이다. ISSB는 이 두 기준을 전 세계 회계기준(IFRS)과 동일한 수준의 권위와 통합성으로 끌어올리려 하고 있고, 이미 주요 국가들이 이 기준을 도입하고 있다. 기업 입장에서는 단순 ESG 활동이 아니라, 공시 가능한 ESG체계를 갖추는 게 더 중요해지고 있다.

1) IFRS S1: 일반 지속가능성 관련 공시 기준

IFRS S1은 기업의 지속가능성 관련 리스크와 기회에 대한 전반적인 공시 요구사항을 다룬다. 이는 단순히 지속가능성과 관련된 활동을 나열하는 것이 아니라, 해당 정보가 재무 성과에 미치는 영향을 중심으로 구성된다. 즉, 기업의 가치 창출 능력에 영향을 미치는 환경적, 사회적, 지배구조적 요소를 투자자 관점에서 설명하는 것을 목적으로 한다.

기업은 다음과 같은 정보를 공시해야 한다.

- 조직이 직면한 지속가능성 관련 리스크와 기회가 무엇인지
- 이러한 요소들이 비즈니스 모델, 전략, 재무계획, 지배구조에 어떻게 반영되는지

- 그에 대응하기 위한 관리 체계와 성과 지표
- 재무제표와 어떻게 연결되는지에 대한 연계성 정보

S1은 기존의 다양한 프레임워크(TCFD, SASB 등)를 통합하고 있으며, 공시의 일관성, 비교 가능성, 연결성을 핵심 원칙으로 삼고 있다.

2) IFRS S2: 기후 관련 공시 기준

IFRS S2는 IFRS S1의 기후 특화 버전이라 볼 수 있다. 기업이 기후 변화로 인한 재무적 영향을 어떻게 식별, 평가, 관리하고 있는지를 중점적으로 다룬다. 이는 기존 TCFD(Task Force on Climate-related Financial Disclosures)의 권고안을 기반으로 하되, 보다 명확한 공시 항목과 지표를 명시함으로써 실질적 공시 수준을 끌어올렸다.

핵심 내용은 크게 네 가지로 나뉜다.

1. 지배구조(Governance) - 기후 관련 리스크·기회에 대해 조직 내에서 누가, 어떻게 책임지고 있는지
2. 전략(Strategy) - 기후 변화가 사업 전략과 재무계획에 어떤 영향을 미치는지, 그리고 탄소중립 전략 등 대응계획
3. 리스크 관리(Risk Management) - 기후 관련 리스크를 어떻게 식별·평가·감시하고 있는지
4. 지표와 목표(Metrics&Targets) - 온실가스 배출량(Scope 1, 2, 3), 감축 목표, 전환 리스크 대응 지표 등

특히 S2는 Scope 1, 2뿐 아니라 Scope 3(밸류체인 배출)까지 공시하도록 요구하고 있어, 기업 입장에서 가장 이행이 어려운 기준으로 여겨진다.

2. EU CSRD 및 ESRS 체계

EU CSRD는 기존의 비재무정보공시지침(NFRD) 을 대체하는 새로운 보고의무 제도로, 기업의 지속가능성과 재무성과를 통합하여 공시의 투명성과 비교가능성을 높이는 것을 목표로 한다.

이 제도는 2024 회계연도부터 단계적으로 시행된다. 우선 상장 대기업에 적용된 후, 비상장 대기업, EU 내 중견기업 및 EU에 진출한 해외기업 순으로 확대될 예정이다. 따라서 EU 현지에 매출 또는 자회사를 보유한 상당수의 한국 대기업도 적용대상에 포함된다. CSRD의 핵심은 세 가지다.

첫째, ESRS(European Sustainability Reporting Standards)에 따른 세부 공시항목이 의무화되어 기업은 환경, 사회, 지배구조 전 영역에서 구체적 데이터를 보고해야 한다.

둘째, 이중중대성(Double Materiality)[22] 원칙이 도입되어, 기업의 지속가능성이 재무적 성과에 미치는 영향뿐 아니라 기업이 환경과 사회에 미치는 영향 역시 동등하게 공시해야 한다.

셋째, 감사·검증(Assurance)의 의무화를 통해 ESG 공시 내용은 회계감사 수준의 외부검증을 받아야 하며, 이에 따라 기업의 내부통

---

22 이중중대성(Double Materiality)은 기업이 사회에 미치는 영향도 중요하지만, 사회가 기업에 미치는 영향도 중요하다는 이중성을 말함. 이중중대성은 유럽연합의 CSRD(지속가능성 보고지침)의 핵심 원칙이다. 기존에는 재무적 중대성만 고려. 즉 ESG 이슈가 기업의 수익, 비용, 위험, 기회에 어떤 영향을 주는가?만 고려했다. 그러나 이제는 재무적 중요성뿐만 아니라 환경·사회적 중대성도 고려. 즉 기업의 활동이 사회, 환경, 인권 등 외부에 어떤 영향을 미치는가? 모두를 평가한다.

제와 데이터 관리 수준이 한층 강화된다.

경영적으로 CSRD는 ESG를 단순한 보고의 문제에서 경영의 문제로 확장시켰다. 즉, 지속가능경영이 더 이상 자율적 CSR 보고서의 선택적 항목이 아니라 재무제표 수준의 법적 공시항목으로 격상된 것이다. 이에 따라 기업들은 ESG 데이터를 재무정보와 통합 관리하고, ISO 53001·53002 등의 경영시스템 표준을 기반으로 한 통합보고 체계를 구축해야 한다.

3. SEC 기후공시 규정

미국 증권거래위원회(SEC, Climate Disclosure Rule)의 기후공시 규정은 미국 내 상장기업에게 기후 관련 정보의 공시를 의무화하여 투자자 보호와 시장 투명성을 강화하려는 제도다. SEC는 그동안 재무정보 중심의 공시 체계를 운영해 왔으나, 기후변화가 기업의 전략·리스크·재무성과에 미치는 영향을 고려하여 기후공시 규정을 제시했다.

1) 기후 관련 리스크 및 경영전략

기업은 단기·중기·장기 관점에서 기후 관련 리스크가 사업·전략·재무에 어떻게 영향을 줄 수 있는지 공시해야 한다.

- 물리적 리스크(폭염, 홍수, 태풍 등)
- 전환 리스크(탄소세, 규제 강화, 기술 변화 등)

2) 온실가스 배출량(GHG Emissions) 공시

SEC 초안에서는 Scope 1·2 의무, Scope 3 조건부 의무가 포함되었으나, 최종안에서는 기업 부담과 소송 리스크를 고려해 아래처럼 조정되었다.

- Scope 1&Scope 2: 대기업에 한해 의무 공시

또한 배출량은 재무제표 주석에 포함되는 정보가 아닌 별도의 기후 보고서 형태로 제출한다.

3) 검증 요구

대기업의 Scope 1·2는 제한적 검증이 요구되며, 단계적으로 합리적 검증으로 강화될 수 있다. 제한적 검증(Limited Assurance)은 검증인(회계법인이나 제3의 감사기관)에게 제출된 데이터나 시스템에 대해 중대한 오류가 없다는 수준만 확인하는 것이다. 합리적 검증(Reasonable Assurance)은 회계감사 수준에 가까운 아주 높은 신뢰도를 요구하는 검증 방식이다. 검증 기관은 데이터의 산출 방식, 근거 문서, 시스템 전반을 샅샅이 들여다보고, 진짜로 정확한지를 적극적으로 검토하고 테스트한다. 처음에는 기업들이 ESG 공시 경험도 없고 시스템도 부족하니까, Scope 1·2 온실가스 배출량은 일단 제한적 검증부터 적용한다. 향후 제도가 성숙하고 기업의 역량도 쌓이면, 이걸 합리적 검증 수준으로 점점 끌어올리겠다는 게 정책 방향이다.

4) 글로벌 규제 동향 비교 및 전망

CSRD(Corporate Sustainability Reporting Directive: 지속가능성공시의무)가 정보공시를 다룬다면, CSDDD(Corporate Sustainability Due Diligence Directive: 공급망 실사의무)는 기업이 실제로 무엇을 해야 하는 지 '행동책임'을 규정하는 제도다. 즉, 기업이 자사의 공급망 전반에서 인권 및 환경 침해를 사전에 예방하고, 문제가 발생했을 경우 시정조치를 취하도록 법적 의무를 부과한다.

CSDDD는 EU 내에서 500명 이상의 근로자와 1억 5천만 유로 이상의 매출을 가진 기업, 또는 EU 외 기업 중 EU 내 매출이 4천만 유로 이상인 기업에 적용된다.

기업은 인권·환경 리스크를 식별하고 예방조치를 수립하며, 1·2·3차 협력업체에 대한 실사를 수행해야 한다. 위반이 발생하면 시정조치계획을 이행하고 결과를 공시해야 하며, 중대한 위반 시 법적 책임과 금전적 제재가 부과된다.

공급망 실사 프로세스는 정책 수립 → 위험분석 → 예방·완화조치 → 실사결과 공개 → 시정조치 및 모니터링의 5단계로 구성된다.

현대자동차, 삼성전자, LG화학, SK하이닉스 등 EU 시장에 제품을 공급하는 대부분의 한국 대기업 및 협력업체들이 직·간접적으로 이 제도의 적용을 받게 된다. 따라서 공급망 ESG 데이터베이스 구축, EcoVadis·Sedex 등 글로벌 평가 플랫폼 대응, ISO 53002 기반의 공급망 실사체계 운영이 필수적이다.

경영적 측면에서 CSDDD는 ESG를 단순한 공시 기준이 아닌 법적 책임 체계로 격상시켰다. 기업은 리스크를 사후적으로 보고하는 단계를 넘어, 인권과 환경 리스크를 사전예방적으로 관리해야 하며, 이를 위해 공급망 리스크관리체계(Supply Chain ESG Management System)를 경영 핵심에 통합해야 한다.

CSRD와 CSDDD는 단순히 유럽의 규제가 아니라, 글로벌 ESG 거버넌스의 새로운 표준으로 자리 잡고 있다.

이 두 제도는 ESG 경영의 전환점을 제시한다.

CSRD와 CSDDD의 특징

구분	과거 CSRD·ESG 1.0	현재 ESG 2.0 (CSRD·CSDDD 이후)
규제성격	자율적·권고형	법적·의무형
핵심초점	이미지·사회공헌	리스크·책임·투명성
공시체계	비재무보고(NFRD 중심)	통합보고(ESRS 기반)
실사범위	내부 중심	공급망전 과정
경영의무	윤리적 책임	법적·제도적 책임

기업은 ISO 시스템을 통해 내부관리의 표준화를 달성하고, K-ESG 진단체계를 통해 국내 지표 정합성을 확보하며, CSRD·CSDDD를 통해 글로벌 시장의 제도적 요구에 대응해야 한다.

궁극적으로 지속가능경영의 성공은 공시와 실사를 분리하지 않고, 시스템과 법제를 통합하는 경영체계를 구축하는 데 달려 있다.

제4장
ISO-K-ESG-CSDDD 통합 대응 로드맵

지속가능경영의 실행 단계에서 핵심은 국제표준(ISO), 국내 제도(K-ESG), 그리고 유럽연합 공급망 실사지침(CSDDD: Corporate Sustainability Due Diligence Directive)을 상호 연계해 기업의 경영시스템에 체계적으로 통합하는 것이다. 세 제도는 모두 ESG의 책임·투명성·지속성이라는 공통된 원칙 위에 서 있으므로, 일관된 구조적 접근이 필요하다.

기업은 먼저 ISO 표준을 ESG 관리체계의 기반으로 삼아야 한다.

ISO 14001(환경경영), ISO 45001(안전보건), ISO 37001(반부패), ISO 50001(에너지), 그리고 ISO 53001·53002(ESG 경영시스템 표준)을 통합 적용함으로써 ESG의 세 축을 경영프로세스와 연결한다.

실무적으로는 Plan-Do-Check-Act(PDCA) 사이클을 ESG KPI 관리에 적용하여, 환경·사회·거버넌스 지표를 각각 리스크-목표-성과--개선 단위로 관리한다.

ISO 인증 절차를 통해 구축된 시스템은 외부 감사, ESG 평가, 지속가능보고서 작성의 객관적 근거로 활용될 수 있다.

K-ESG는 산업통상자원부가 국내 기업의 지속가능경영 수준을 자가 진단하도록 만든 제도다.

실무적으로는 K-ESG 61개 세부지표(환경 18, 사회 25, 지배구조 18)를 ISO 시스템의 핵심 프로세스에 대응시켜야 한다.

예를 들어 ISO 14001의 환경목표·운영통제 항목은 K-ESG의 E1: 온실가스 관리, E3: 폐기물 재활용률 등과 직접 연결된다.

K-ESG 점검표를 단순 진단용이 아닌 성과관리용 Dashboard[23]로 활용하면, ESG 데이터의 실시간 관리가 가능하다.

또한 산업별 ESG 차등 가중치(제조업·서비스업·금융업 등)를 고려해 내부 평가지표를 커스터마이징[24]하는 것이 바람직하다.

CSDDD는 2024년 유럽의회에서 채택된 공급망 인권·환경 실사지침으로, 2026년부터 EU 시장 내 대기업 및 거래기업에 적용된다.

한국 기업의 대응 핵심은 1차 공급업체 의무 확인 → 2·3차 공급망 실사 확장 → 개선·보고의 3단계 구조다.

실무 전략으로는 첫째, 공급망 ESG 데이터베이스를 구축하고 공급사별 인권·환경 리스크를 분류한다. EcoVadis·Sedex 등 글로벌

---

23 Dashboard는 데이터를 한눈에 보여주는 화면. 기업의 주요 데이터를 시각화하여, 의사결정자가 실시간으로 성과와 리스크를 파악할 수 있도록 지원한다. 요약하면 다음과 같다. MES → 데이터 생성, SCM → 데이터 연결, XBRL → 데이터 표준화, CSRD → 외부 공시, DX → 전체 구조, Dashboard → 사람이 보는 최종 인터페이스

24 Customizing: 표준 시스템을 내 회사 방식에 맞게 재설계하는 것. 기업은 커스터마이징을 통해 시스템을 자사의 운영 환경과 요구사항에 맞게 최적화한다.

플랫폼과 연동한다.

둘째, 위험국가·고위험 산업군을 매핑한다. 조달·원자재·하청업체의 리스크를 지정학·산업별로 구분하고 우선순위를 부여한다.

CSDDD는 단순한 보고 의무가 아니라 법적 책임을 부과하기 때문에, 국내 기업은 ISO 53002 기반의 공급망 실사관리 매뉴얼을 운영하는 것이 가장 실질적인 대응이다.

ISO → 시스템화, K-ESG → 지표화, CSDDD → 법제화라는 세 축을 하나의 프레임워크로 통합해야 한다.

다음 표는 ESG 경영 실무자가 ISO 표준, K-ESG 지표체계, EU CSDDD(공급망 실사지침)를 통합적으로 관리하기 위한 전략적 로드맵을 나타낸다. 각 제도의 목적, 관리대상, 실행수단, 성과관리 방안을 통합해 기업은 글로벌 규제와 평가 요구에 동시에 대응할 수 있다.

ESG 통합관리를 위한 로드맵

구분	핵심 목적	관리대상 주요 항목	실행 수단·시스템	성과관리 및 보고
ISO 경영시스템	ESG 관리체계의 표준화	· 환경(14001) · 에너지(50001) · 부패방지(37001) · 안전보건(45001) · ESG(53001·53002)	PDCA 기반 통합경영시스템, 내부 감사, 절차서 및 문서화	ISO 인증, 내부심사, 외부검증
K-ESG 지표체계	국내 지속가능경영 진단 및 평가	환경 18, 사회 25, 지배구조 18개 세부지표	자가진단표, ESG 데이터 대시보드, 산업별가중치 반영	K-ESG 평가결과, 지속가능보고서 반영
EU CSDDD 공급망 실사 지침	공급망인권·환경 리스크 실사 및 법적 책임 대응	1·2·3차 협력업체의 인권·환경·거버넌스 리스크	공급망ESG DB구축, EcoVadis·Sedex연동 시정조치(CAP)	연례 실사보고서, 시정조치 모니터링, 법적보고

이를 위해 ESG 통합 관리대장을 작성하여 각 항목의 기준·지표·법적 근거를 한눈에 볼 수 있도록 한다.

또한 ESG 성과를 GRI·ISSB 기준 지속가능보고서와 연계해 공시함으로써, 투자자 및 규제기관에 대한 투명성을 강화할 수 있다.

실무자는 ISO 시스템으로 내부관리의 체계를 확립하고, K-ESG를 통해 국내 평가기준의 정합성을 확보하며, CSDDD를 통해 글로벌 공급망 리스크에 대응해야 한다. 세 축을 통합하면 ESG의 시스템화-지표화-법제화가 완성된다.

1. 단계별 실행 가이드

기업이 ESG 경영을 실제로 작동하게 하려면 가장 먼저 해야 할 일은 현재 위치를 정확히 진단하는 것이다. 진단 단계에서는 ISO 국제표준의 요구사항, 국내 K-ESG 평가 지표, 그리고 CSDDD의 공급망 실사지침이 요구하는 법적 기준들을 비교 분석하여, 기업 내부의 정책과 시스템이 어느 수준까지 부합하는지를 점검한다.

이후 설계 단계에서는 각 제도의 공통된 핵심 원칙—책임성, 투명성, 지속가능성—을 기준으로 기업의 조직 구조, 업무 프로세스, IT 시스템, 협력사 관리 체계를 통합적으로 재설계한다. 이 단계에서 중요한 것은 단순히 제도를 도입하는 것이 아니라, ESG 원칙이 기업의 전략 수립, 의사결정, 일상 업무에 유기적으로 반영되도록 하는 것이다.

설계가 완료되면 본격적인 이행 단계에 돌입하게 되는데, 이 시점부터는 ESG 정책을 내부 규정에 반영하고, 각 부서에 해당 역할을 전파하며, 실제 실행 여부를 점검한다. 특히 CSDDD 대응을 위해서는 공급망 전반에 ESG 실사체계를 구축하고, 협력업체와의 계약서 및 윤리규범을 재정비하는 작업이 병행되어야 한다.

마지막으로 검증 및 보고 단계에서는 외부 인증기관이나 감사인의 평가를 받아 객관적인 검증을 수행하고, K-ESG 공시 지침에 따라 ESG 관련 정보를 투명하게 공개한다. 이 단계는 단순한 결과 보고에 그치지 않고, 전 과정의 실효성을 피드백 받아 다시 초기에 반영하는 순환적 구조를 만든다.

2. 실무 체크리스트

실행 가이드가 방향이라면, 실무 체크리스트는 이를 실천으로 연결해주는 세부 항목이다. 체크리스트는 기업의 ESG 수준을 자가 점검할 수 있는 기준표 역할을 한다. 각 항목은 ISO 요구사항(예: ISO 14001, 45001, 26000 등)과 K-ESG 평가 항목, 그리고 CSDDD의 의무조항을 기반으로 구성되며, 실무자가 각 조치의 도입 여부, 적용 범위, 문서화 상태 등을 점검할 수 있도록 설계된다.

예를 들어, ISO 기준에 따른 환경경영체계 구축 여부, K-ESG 기준에 따른 사회공헌 실적 및 인권정책 유무, 그리고 CSDDD에서 요구하는 공급망 내 위험 국가 소재 업체 실사 내역 등은 필수 확인

대상이다. 이 체크리스트는 단순한 문서 작업이 아니라, 실무자의 판단력과 감수성을 높여주고, 내부 통제체계의 구체적 증거로 활용된다.

3. 부서별 역할 매트릭스

지속가능경영은 단일 부서가 추진할 수 있는 성격의 과제가 아니다. 때문에 통합 로드맵에서는 전사적 차원의 협업 시스템이 요구되며, 이를 위해 부서별 역할 매트릭스가 필수적으로 수립된다.

이사회와 최고경영진은 ESG 전략의 최종 책임을 지고, 외부 이해관계자와의 커뮤니케이션과 자원 배분을 총괄한다. ESG 전담부서는 정책 설계, 이행 모니터링, 대외 보고까지 전체 흐름을 조율하는 허브 역할을 하며, 각 사업 부문 및 지원 부서는 자신의 업무영역에 ESG 기준을 내재화해야 한다.

예를 들어, 인사부는 다양성·포용성 정책 수립과 윤리 교육을 담당하고, 구매부서는 협력사 대상 ESG 실사 및 평가체계를 운영한다. 재무·IR 부서는 ESG 관련 투자자 질의응답을 대비하고, 공시 자료의 신뢰성을 확보하는 역할을 맡는다. 이 매트릭스를 명확히 하는 것은 부서 간 충돌을 줄이고, 역할과 책임을 구체화하여 실행력을 높이는 데 기여한다.

4. 성공 요인

ESG 경영이 성공적으로 정착하기 위한 가장 핵심적인 조건은, ESG를 일회성 인증이나 대외 마케팅 도구로 접근하지 않고, 경영 시스템 전반에 통합시키는 데 있다.

이를 위해서는 먼저 최고경영자의 전폭적인 의지가 뒷받침되어야 하며, 단순한 선언이 아닌 공식 문서와 KPI에 ESG 목표를 반영해야 한다. 둘째로, 전사적 ESG 문화 확산을 위한 정기적인 내부 교육과 인식 전환 프로그램이 필요하다. 직원들이 ESG를 남의 일이 아닌 자신의 업무 일환으로 체화해야 한다.

셋째로는 내부 통제 시스템과 외부 검증 체계를 갖춰 ESG 리스크를 사전에 식별하고, 이를 기반으로 공시를 통해 투명하게 정보를 공개해야 한다.

제4부

ESG 이니셔티브와
지속가능경영 사례

제1장
글로벌 ESG 이니셔티브 동향

글로벌 차원에서의 ESG 이니셔티브는 단순한 윤리적 선택을 넘어서 기업·투자·정책 전반에 걸쳐 구조적 변화를 이끄는 중요한 흐름으로 자리잡고 있다.

1. 국제기구 주도: PRI, TCFD

ESG 시대에 국제이니셔티브의 양대 산맥은 PRI와 TCFD다. ESG 시대의 도래와 함께 국제사회는 지속가능성과 재무적 안정성을 동시에 확보하기 위한 다양한 이니셔티브를 개발해왔다. 그 중 가장 핵심적인 두 축이 바로 PRI(책임투자원칙)와 TCFD(기후 관련 재무정보 공개 태스크포스)다. 이 두 제도는 서로 다른 영역을 다루고 있지만, ESG의 핵심 가치를 실현하기 위해 긴밀히 연계되어 움직이고 있다.

PRI는 2006년 유엔이 설립한 글로벌 책임투자 이니셔티브로, 투자자들이 환경, 사회, 지배구조(ESG) 요소를 투자 판단에 통합하도록 유도하는 것을 목적으로 한다. 단순한 도덕적 투자에서 나아가, ESG 요소가 장기적인 수익성과 밀접한 연관이 있다는 현실적 판단에 근거하여 수립되었다. PRI는 법적 강제력은 없지만, 서명 기관에게 ESG 고려 사항을 투자 전략과 의사결정 과정에 반영할 것을 요구하고, 이를 투명하게 공개하도록 한다.

반면, TCFD는 2015년 G20 산하 금융안정위원회(FSB)가 주도하여 설립한 기후 재무정보 공개 태스크포스다. TCFD의 목적은 기업이 기후 변화로 인한 재무적 리스크와 기회를 명확히 분석하고, 그 정보를 이해관계자에게 투명하게 공개하도록 유도하는 것이다. 특히 시나리오 분석을 통한 장기적 기후 리스크 대응 전략의 수립과 공개를 강조하고 있어, ESG 중 '환경(E)' 요소에 대한 대응력을 평가하는 기준이 되고 있다.

PRI와 TCFD는 각각 투자자와 기업의 입장에서 ESG를 제도화한다는 점에서 역할이 다르지만, 그 목적은 동일하다. 바로 지속가능한 경제와 금융 시스템의 구축이다. 오늘날 많은 투자자들이 TCFD 권고안을 기업의 정보공개 기준으로 활용하고 있으며, 이는 다시 기업의 ESG 등급에 영향을 주어 투자 결정에 직접적인 영향을 미치고 있다.

결국, PRI와 TCFD는 단순한 가이드라인이 아니라, ESG 시대의 새로운 금융 질서를 규정하는 양대 축이다. ESG가 유행을 넘어 실제 돈과 리스크가 오가는 구조 속으로 들어왔다는 점에서, 이 두 이니셔티브의 중요성은 앞으로도 더욱 커질 것이다.

2. 기업 주도: SBTi와 RE100

ESG 시대의 도래와 함께 기업들은 이제 단순한 환경 캠페인 이상의 행동을 요구받고 있다. 그 중심에는 SBTi(과학기반 감축목표 이니셔티브)와 RE100(Renewable Energy 100)이라는 두 개의 강력한 기업 주도형 이니셔티브가 자리 잡고 있다.

SBTi는 2015년 파리기후협약 이후 출범한 국제 이니셔티브로, 기업이 설정하는 온실가스 감축 목표가 과학적으로 타당한지 검증하고 승인하는 시스템이다. 이 이니셔티브는 지구 평균기온 상승을 산업화 이전 대비 1.5℃ 이내로 제한하기 위한 기후과학 기반의 기준을 적용한다. 단순히 온실가스를 줄이겠다는 선언이 아니라, 실제 배출 감축 경로가 과학적 타당성을 갖추고 있는지를 평가받아야만 SBTi의 인증을 받을 수 있다. 이 과정은 목표 설정, 검토 신청, 승인, 실행, 공개 보고 등으로 구성되며, 검증되지 않거나 목표를 이행하지 않는 기업은 목록에서 제외되기도 한다.

RE100은 2014년 시작된 국제 캠페인으로, 참여 기업이 자사가 사용하는 전력의 100%를 재생에너지로 전환하겠다는 목표를 세우고 실천해 나가는 이니셔티브다. 이름 그대로 'Renewable Energy 100%'를 지향하며, 각 기업은 이행 기한과 실행 계획을 구체적으로 제시해야 한다. 참여는 자발적이지만, 실질적으로 글로벌 가치사슬 내에서 재생에너지 전환은 기업 경쟁력과 직결되기 때문에, 많은 기업들이 RE100을 통해 ESG 경영을 강화하고 있다.

SBTi와 RE100의 공통점은, ESG 경영을 수치와 행동으로 증명하도록 요구한다는 점이다. 이는 단순한 이미지 개선이 아닌, 실질적이고 검증 가능한 기후 대응 전략을 기업이 마련해야 한다는 압박으로 작용한다. 특히 애플, 구글, 마이크로소프트 등 글로벌 선도 기업들이 협력사에게 RE100 이행을 요구하고 있고, SBTi 목표 이행 여부가 투자 유치와 신용등급에도 영향을 미치면서, 이제는 글로벌 경쟁력의 필수 요소가 되었다.

결국 SBTi와 RE100은 ESG가 선언을 넘어 실제 경영 전략의 핵심으로 작동하는 시대의 상징이라 할 수 있다. 기업의 생존과 성장, 그리고 사회적 책임을 동시에 추구하기 위한 구체적 이정표가 바로 이 두 이니셔티브인 것이다.

SBTi와 RE100은 목표와 수단의 관계로 설명할 수 있다. SBTi는 기업의 탄소감축 목표 설정을 다루는 반면, RE100은 그 목표를 달성하기 위한 재생에너지 전환의 실천 수단을 제시한다. 예를 들어 Scope 2 배출량을 줄이기 위해 많은 기업들이 RE100 참여를 SBTi 이행 전략의 핵심으로 삼고 있다.

Scope 1은 공장 연료, 보일러, 차량 등 기업 내부에서 발생하는 배출로서 이를 줄이려면 설비 교체, 생산공정 전환, 기술 혁신이 필요해서 시간과 비용이 많이 든다. Scope 3는 공급망 전체에 대한 배출감소이므로 측정과 통제가 어렵고, 시간이 많이 걸린다. Scope 2는 외부에서 공급받는 전기, 열, 스팀 등을 사용하면서 생기는 간접 배출이므로 기업이 직접 배출하는 게 아니라, 전력회사(예: 한국전력)가 석탄·가스로 만든 전기를 썼을 때 발생하는 탄소다. 따라서 재생에너지 전기로만 대체해도 Scope 2 배출은 '0'으로 줄일 수 있다. 그래서 기업들이 SBTi 이행의 첫 단추로 RE100을 선택한다.

또한 Apple, Google, Microsoft 등 글로벌 대기업들이 공급망 내 협력사에도 RE100 참여를 요구하면서, 한국을 포함한 아시아권 제조기업들의 재생에너지 전환이 가속화되고 있다.

한국은 RE100 달성을 위한 다양한 제도적 기반을 구축하고 있으나, 여전히 해결해야 할 과제도 많다. PPA 시장의 미성숙, REC 가격 불안정, 자가발전 규제 등은 기업들의 재생에너지 조달을 어렵게 하고 있다.

이에 따라 정부는 녹색프리미엄 제도의 개선, 전력거래 절차 간소화, 송배전망 연계 강화 등 제도 개선을 추진 중이다. 또한 K-택소노미 및 녹색금융정책과의 연계를 통해 RE100·SBTi 참여 기업에 대한 금융 혜택을 확대하는 방향으로 발전하고 있다.

앞으로 SBTi와 RE100 참여 기업 수는 더욱 증가할 것으로 전망된다. EU의 공급망 실사법(CSDDD), 미국의 IRA(인플레이션 감축법) 등 글로벌 규제가 강화되면서 기업의 기후책임이 법적 의무로 확장되는 추세다.

또한 AI, IoT, 블록체인 등 기술의 결합으로 탄소배출 추적과 재생에너지 사용량의 투명성이 제고될 전망이다. 중소기업 참여 확대와 개발도상국으로의 확산도 중요한 과제로 부상하고 있다.

SBTi와 RE100은 기업이 기후 위기 대응의 주체로서 리더십을 발휘하도록 하는 새로운 글로벌 거버넌스 모델이다. 과학에 기반한 목표 설정(SBTi)과 실질적 에너지 전환(RE100)은 ESG 경영의 핵심 축으로 자리 잡았으며, 이는 기업의 경쟁력을 넘어 지구적 책임을 실현하는 길이 되고 있다.

향후 이러한 이니셔티브는 탄소중립을 넘어 생물다양성 보전, 순환경제, 사회적 형평성 등 지속가능발전의 전 영역으로 확장될 것이며, 기업이 인류 공동 번영의 핵심 행위자로 자리 잡는 시대를 열어갈 것이다.

3. 금융기관 주도: NZBA와 Climate Action 100+

ESG 시대의 전개 속에서 금융기관들은 더 이상 기후변화의 관찰자가 아닌, 주도적 역할을 수행하는 플레이어로 전환하고 있다. 그 중심에는 NZBA(Net-Zero Banking Alliance)와 Climate Action 100+라는 두 개의 강력한 금융기관 주도형 이니셔티브가 존재한다.

NZBA는 2021년 유엔환경계획 금융이니셔티브(UNEP FI)의 주도로 출범한 글로벌 은행 연합체다. 이 이니셔티브에 참여하는 은행들은 2050년까지 탄소중립(Net-Zero)을 달성하겠다는 목표를 설정하며, 이는 단순히 은행 자체의 에너지 사용에 국한되지 않고, 대출과 투자로 인해 발생하는 스코프 3 배출까지 포함하는 포괄적 접근이다. 참여 은행들은 자산 포트폴리오 전체에 대한 온실가스 배출을 측정하고, 과학기반의 감축 목표를 설정하여, 이를 지속적으로 공개하고 이행해 나간다. 이는 ESG가 이제 금융기관의 경영 리스크 관리와 비즈니스 전략의 핵심 요소로 자리 잡았다는 사실을 반영한다.

Climate Action 100+는 2017년 출범한 투자자 주도형 글로벌 이니셔티브로, 탄소배출량이 많은 100여 개의 주요 기업들을 상대로 기후 대응을 촉구하는 데 중점을 두고 있다. 이 연합체에는 블랙록, 골드만삭스, 국민연금 등 세계적인 대형 자산운용사와 연기금들이 참여하고 있으며, 기업에 기후 관련 리스크의 공시, 온실가스 감축 목표 수립, 이사회 차원의 대응 전략 마련 등을 요구한다. 이니셔티브는 주주총회 결의안 제출, 이사회와의 직접 협의 등 실질적이고 강력한 수단을 통해 기업의 행동을 압박한다.

이 두 이니셔티브의 핵심 공통점은 금융기관이 자본의 흐름을 통해 실질적인 변화를 유도하고 있다는 점이다. NZBA는 은행이 자산을 운용하는 방식 자체를 바꾸고 있으며, Climate Action 100+는 기업들이 ESG에 소극적으로 대응할 경우 투자 철회 등의 압박을 가한다. 이들은 ESG가 단순한 윤리적 기준을 넘어, 지속가능한 경제 시스템 구축을 위한 자본의 무기화를 상징한다.

결국 ESG 시대에 있어 금융기관은 단순한 투자자나 후원자가 아닌, 기후 대응의 설계자이자 조정자 역할을 맡고 있다. NZBA와 Climate Action 100+는 이러한 변화의 최전선에 서 있는 대표적인 사례라 할 수 있다.

4. 정부 주도
: EU Taxonomy, SFDR, K-Taxonomy

ESG 시대에 정부는 자본의 흐름을 바꾸고, 지속가능한 활동을 제도적으로 뒷받침하기 위해 다양한 법적 프레임을 마련하고 있다. 그 중심에 EU의 Taxonomy(녹색분류체계)[25], SFDR(지속가능금융 공시규정)[26], 그리고 한국의 K-Taxonomy(한국형 녹색분류체계)[27]가 있다.

EU Taxonomy는 유럽연합이 2020년부터 시행한 법적 분류체계로, 어떤 경제활동이 환경적으로 지속가능한지를 정의하는 기준을 제시한다. 이는 단순한 정책 가이드가 아니라, 기후변화 완화, 기후 적응, 생물다양성 보전, 오염 방지 등 여섯 가지 환경 목표를 중심으로 설정된 명확한 법적 기준이며, 하나의 활동이 지속가능하다고 인정받기 위해서는 다른 환경 목표를 훼손하지 않는다는 상충 금지 (DNSH)[28] 원칙을 따라야 한다. EU Taxonomy는 지속가능성에 대

---

25 어떤 경제활동이 '지속가능하다'라고 인정받을 수 있는지를 정리한 EU의 녹색 경제 기준 사전이다.

26 SFDR(Sustainable Finance Disclosure Regulation: 지속가능금융 공시규정)은 "너네 돈 굴리는 방식이 진짜 친환경인지 증명해봐"라는 EU의 규제 이니셔티브. 2021년 3월 10일부터 유럽연합(EU)에서 시행 중이다.

27 K-Taxonomy는 "친환경 경제활동의 정식 인정 리스트다. 한국 기업과 금융기관이 녹색 금융·ESG 대응·탄소중립 경영을 실천할 때 반드시 참고해야 할 국가 공인 기준표다.

28 EU Taxonomy는 특정 경제활동이 아래 6대 환경 목표 중 하나 이상에 기여해야 하고, 다른 목표에 심각한 피해를 주지 않아야(DNSH: Do No Significant Harm)한다.
- 6대 환경 목표: 기후변화 완화(climate change mitigation), 기후변화 적응(climate change adaptation), 수자원 및 해양 자원 보호, 순환경제 전환, 오염 방지 및 통제, 생물다양성 및 생태계 보호

한 통일된 정의를 제공함으로써, 금융기관의 투자 판단과 ESG 공시, 정책 자금의 집행에 공통의 기준 역할을 하고 있다.

SFDR[29]은 이러한 분류체계를 실질적으로 적용하기 위한 정보공시 규제다. 2021년부터 시행된 이 규정은 금융기관들이 자산운용 시 ESG 요소를 어떻게 고려하고 있는지를 투자자에게 투명하게 공개하도록 의무화한다. SFDR은 투자자에게 진정성 있는 ESG 상품을 구별할 수 있도록 해주며, 금융기관에는 엄격한 책임을 부과한다.

한국 역시 이러한 국제 흐름에 맞춰 K-Taxonomy를 개발하였다. 환경부 주도로 만들어진 이 분류체계는 EU Taxonomy를 기반으로 하되, 한국의 산업 특성을 반영해 원자력, LNG 등 논쟁이 있는 에너지원도 조건부로 포함시켰다. K-Taxonomy는 아직 전면 시행 단계는 아니지만, 점차 녹색채권 발행, ESG 공시 기준, 정부의 정책금융 등의 기준으로 자리잡아가고 있다.

이 세 가지 이니셔티브는 ESG를 단순한 윤리적 선택이 아닌, 제도와 규제를 통해 실질적으로 작동하게 만드는 장치들이다. EU Taxonomy가 지속가능성을 정의하고, SFDR이 그 정의의 실천 여부를 감시하며, K-Taxonomy는 국가 특성에 맞게 제도화하려는 시도라고 볼 수 있다.

EU Taxonomy, SFDR, K-Taxonomy는 각각 독립된 제도이지만,

---

29 SFDR(Sustainable Finance Disclosure Regulation): 금융기관이 ESG 정보를 공개하도록 강제하는 규제. CSRD → 기업 보고(회사 자체), SFDR → 금융기관 보고(투자, 펀드, 자산운용). 즉, CSRD는 기업이 어떻게 ESG 하는지를 규제하고 SFDR은 투자가 얼마나 ESG 인지를 규제함.

점차 상호 연계성과 글로벌 정합성을 강화하는 방향으로 발전하고 있다. EU Taxonomy의 과학 기반 분류체계는 SFDR의 투자공시 기준과 직접 연결되어 있으며, 한국의 K-Taxonomy는 두 제도의 구조를 참조하여 호환 가능한 데이터 체계로 설계되었다.

특히 금융기관 관점에서 이들 제도는 지속가능금융의 통합 생태계를 형성한다. EU 내 금융기관은 EU Taxonomy를 준수해 SFDR Article 8·9 공시 기준을 충족하고, 한국 금융기관은 K-Taxonomy 및 녹색여신 관리지침을 적용해 ESG 투자 자금의 투명성을 확보하고 있다.

향후 전망으로는 국제지속가능성기준위원회(ISSB) 기준과의 연계, 아시아 내 분류체계의 상호인정, 그리고 AI·데이터 기반 ESG 모니터링 체계의 구축이 주요 과제이다. 이러한 규제의 진화는 ESG가 선택적 투자 영역을 넘어, 글로벌 금융시스템의 구조적 기준으로 정착하는 전환점을 의미한다.

5. 기타 ESG 이니셔티브 흐름

ESG 이니셔티브는 2024년을 기점으로 양적 성장에서 질적 성숙 단계로 진입하였다. 기업, 금융기관, 정부, 국제기구 등 다양한 주체들이 참여하며, ESG는 이제 선택이 아닌 글로벌 규범으로 자리 잡았다.

첫째, 참여 규모가 폭발적으로 증가하고 있다. CDP에 2만2천여 개, SBTi에 1만여 개 기업이 참여하면서, 이들이 차지하는 글로벌 시가총액이 전체의 40%를 넘어섰다. 이러한 확산은 기업 경영의 핵심 의사결정에 ESG 요소가 통합되고 있음을 보여준다.

둘째, 제도화와 표준화가 빠르게 진전되고 있다. EU Taxonomy와 SFDR, 한국의 K-Taxonomy 등은 ESG를 법적 의무로 전환시킨 대표적 사례다. 이는 자발적 이니셔티브가 정부 주도의 규제적 프레임워크로 진화하고 있음을 의미한다.

셋째, 통합적 접근이 확산되고 있다. CDP는 기후·산림·수자원을 아우르는 통합 설문지를 도입했고, 기업들은 SBTi·RE100·TCFD를 동시에 활용해 감축목표 설정, 재생에너지 전환, 리스크 공시를 하나의 체계로 묶고 있다. 또한 ESG 데이터의 표준화와 공통 플랫폼 구축이 가속화되면서, 데이터 중심의 지속가능경영이 현실화되고 있다.

넷째, 정치적 압력과 실행 격차는 여전히 과제다. 미국 주요 은행들의 탈퇴, 이니셔티브 간 기준 불일치, Scope 3 배출량 산정의 복잡성 등은 ESG 확산의 제약요인으로 지적된다. 특히 일부 국가에서는 ESG가 정치적 논쟁의 대상이 되면서 참여가 위축되는 현상도 나타나고 있다.

마지막으로, ESG 이니셔티브는 성과 중심의 전환기에 들어섰다. 단순한 선언이 아닌 실질적 성과와 투명한 공시를 요구하는 방향으로 발전하고 있으며, 디지털 기술·AI·블록체인 등을 활용한 실시간 ESG 성과 측정이 새로운 흐름으로 떠오르고 있다. 향후 이니셔티브는 아시아 및 중소기업 부문으로 확대되며, 측정 가능한 ESG 실천과 글로벌 표준의 통합이 핵심 과제가 될 전망이다.

제2장
ESG 법제화와 리스크관리

1. ESG 관련 법체계

1) ESG 리스크 관리 체계의 법적 기반

ESG 리스크는 환경, 사회, 지배구조 영역별로 발생할 수 있는 비재무적 위험요소를 식별·평가·대응하기 위한 체계적 시스템이다. 이 체계는 단순한 기업 내부 규율을 넘어, 각종 국내외 법규와 공시 기준에 의해 강제적으로 관리된다.

환경 리스크(E)는 기후변화 대응, 탄소배출 규제, 탄소세, 오염물질 관리, 자원고갈 등이 법적·경제적 부담으로 작용한다. 특히 EU의 탄소국경조정제도(CBAM)[30]와 한국의 배출권거래제(ETS)[31]는 대표적인 규제 사례다.

사회 리스크(S)는 인권, 노동, 산업안전, 다양성, 지역사회 기여 등에서 발생한다. 중대재해처벌법, 산업안전보건법, 근로기준법 등이 기업의 사회적 리스크 대응의 법적 근간을 이룬다.

지배구조 리스크(G)는 부패방지, 내부통제, 회계 투명성, 이사회 독립성 등이 주요 항목이다. 자본시장법, 공정거래법, 부패방지법 등이 핵심 법령으로 작용한다.

이러한 리스크 관리 체계는 리스크 식별(Identify) → 평가(Assess) → 대응(Mitigate) → 모니터링 및 보고(Monitor&Report)의 4단계 순환 구조를 따른다. 기업은 이를 통해 ESG 관련 법규를 상시적으로 점검하고, 위반 시 즉각 시정 조치를 수행해야 한다.

ESG(환경·사회·지배구조) 경영은 더 이상 자발적 윤리경영의 영역에 머물지 않는다. 2024년 이후, 주요국은 ESG를 법적·제도적 틀 안에 포함시키며 의무화 단계로 전환하였다. 이제 기업은 단순한 사회적 책임을 넘어, 법적 리스크와 규제 대응이라는 관점에서 ESG를 관리해야 한다. 이에 따라 ESG 관련 법체계는 리스크 관리, 공시 의무, 윤리경영, 컴플라이언스, 지배구조 개혁 등을 포괄하는 통합적 구조로 발전하고 있다.

2) ESG 컴플라이언스 및 윤리경영 통합

기업의 법적 책임을 강화하기 위해 ESG와 컴플라이언스(Compliance)

---

30 CBAM(Carbon Border Adjustment Mechanism)은 EU가 세계 최초로 도입하는 탄소국경세로, 탄소누출(Carbon Leakage) 방지를 위해 설계된 획기적인 무역 규제 제도다.
탄소배출 규제가 강한 국가(EU)에서 규제가 약한 국가로 생산시설이 이전하거나, 탄소비용이 낮은 국가에서 생산된 제품이 EU로 수입될 때 탄소국경세를 부과함.

31 배출권거래제(Emissions Trading System, ETS)는 시장 메커니즘을 활용한 온실가스 감축 정책으로, '탄소에 가격을 매겨 거래하는' 혁신적인 환경 규제 제도.

체계는 통합적으로 운영된다. 이는 단순히 규제 준수의 개념을 넘어, 윤리적 경영 원칙과 ESG 요소를 조직문화에 내재화하는 것을 목표로 한다.

- 법규 준수 체계: ESG 관련 법규 데이터베이스를 구축하고 정기 점검을 실시하며, 위반 시에는 시정명령 및 내부 징계 절차를 즉시 가동한다.
- 윤리경영 및 부패방지: 윤리강령 개정 시 환경보호·사회적 책임·투명경영 요소를 반영하며, AI 및 데이터 윤리도 강화한다. CPMS(Compliance Program Management System)[32]를 통한 부서 간 협업 및 협력사 실사(ESG Due Diligence)도 필수화되고 있다.
- 교육 및 인식제고: 임직원 및 공급망 파트너를 대상으로 한 정기 ESG 교육을 의무화하고, 전문성 향상 프로그램을 운영한다.

3) ESG 공시와 검증 제도의 법적 정착

ESG 정보 공시는 기업의 비재무적 투명성을 확보하기 위한 법적 의무로 자리 잡았다. ESG 경영은 단순한 윤리적 선택이 아닌, 시장 요구, 그리고 자율적인 내부 통제 간의 복합적인 구조에서 작동한다. 기업이 실질적인 지속가능경영을 달성하기 위해서는 강제적 법률(Hard Law), 연성 규범(Soft Law), 그리고 내부 컴플라이언스 체계를 이해하고 이를 유기적으로 연계할 필요가 있다.

---

32 준법경영관리시스템, 혹은 컴플라이언스 프로그램 관리 체계다.

(1) 강제적 법률(Hard Law)

정부 및 감독기관이 제정한 법률이나 명령 형태의 규제로, 기업은 반드시 이를 준수해야 하며, 위반 시에는 행정처분이나 형사처벌을 받을 수 있다. 대표적으로 중대재해처벌법은 근로자의 안전 확보를 경영자의 의무로 명시하며 위반 시 형사처벌을 가한다. 온실가스 배출권 거래제는 환경 부문의 핵심 법으로, 할당량 초과 시 벌금이 부과된다. 기업지배구조보고서 공시 의무는 자산 2조 원 이상 상장사의 투명한 지배구조 확보를 법적으로 요구한다. 이 밖에도 산업안전보건법, 환경정책기본법, 대기·수질환경보전법 등은 ESG 영역별로 명확한 법적 틀을 제공한다.

(2) 연성 규범(Soft Law)

법적 강제성은 없지만, 사회적 기대와 투자자 요구에 의해 사실상 강제되는 규범이다. K-ESG 가이드라인은 자율 기준이지만 대기업 대부분이 이를 따르고 있으며, ESG 공시 가이드라인은 2025년부터 단계적 의무화가 예정되어 있다. 지속가능경영보고서 권고, UNGC, TCFD, CDP 참여 및 책임투자원칙(PRI)은 모두 기업이 시장과 투자자 신뢰를 얻기 위해 따라야 할 필수 기준으로 자리 잡고 있다.

(3) 컴플라이언스 체계

컴플라이언스는 외부 법적 규범을 넘어서 기업이 자율적으로 내부 윤리와 규칙을 수립해 ESG 원칙을 내재화하는 체계다. ESG 위원회 구성, 감사기구와의 연계, 내부통제시스템 내 ESG 요소 반영,

ISO 인증(26000, 14001, 45001 등) 도입 등은 모두 지속가능한 가치 창출을 위한 자율적이고 체계적인 경영 방식을 의미한다.

이 세 체계는 각각 독립적이면서도 상호보완적으로 작용하며, ESG 경영을 실행하기 위한 구체적이고 실질적인 기반을 형성한다. 기업은 이를 통해 단기적 리스크를 넘어서 장기적인 신뢰와 지속가능한 경쟁력을 확보할 수 있다.

ESG 규범체계 비교

구분	법적 성격	주요 주체	예시	강제력 수준	ESG 영향
하드 로 (Hard law)	법률·명령	정부 ·감독기관	중대재해처벌법, 배출권거래법	매우 강함	법적 리스크 대응 중심
소프트 로 (Soft law)	권고 ·가이드라인	국제기구 ·시장	K-ESG UNGC TCFD	중간 (시장 압력)	평판·투자 유치 중심
컴플라이언스 (Compliance)	자율규범	기업 내부	ESG 위원회, ISO 인증	자율적 지속적	리스크예방 ·가치 향상

이 세 가지 규범은 각각 독립적이지만, 상호보완적으로 ESG 경영의 강제성, 실천성, 지속성을 뒷받침하는 핵심 구조다. 기업은 단순히 법만 지키는 데 그치지 않고, 사회적 기대에 부응하고, 내부적으로는 자율적 시스템을 정비하여 보다 전략적이고 지속가능한 ESG 경영 체계를 갖춰야 한다.

2. COSO 기반 ESG 리스크관리

COSO(Committee of Sponsoring Organizations of the Treadway Commission)는 내부통제와 ERM을 중심으로 기업이 자율적이고 체계적으로 리스크를 식별, 대응, 보고할 수 있도록 설계된 시스템이다.

특히 2022년, COSO는 WBCSD와 공동으로 ESG 관련 리스크에 대한 ERM 적용(ERM to ESG-related Risks) 가이드를 발간하며 ESG 리스크를 별도 항목이 아닌 기존 리스크 관리시스템 속에 내재화할 것을 강조하였다. 기업의 ESG 리스크 관리는 단순한 윤리적 선택이 아닌 전략적 생존의 문제가 되었다. 환경(E)에서는 기후변화와 탄소 규제, 사회(S)에서는 인권 및 노동 리스크, 지배구조(G)에서는 투명성과 윤리경영이 기업의 가치와 직결된다. 이러한 비재무 리스크는 공급망 불안, 평판 하락, 투자 위축, 법적 제재 등 실질적 손실로 이어질 수 있으며, 따라서 전통적인 재무 중심의 리스크관리 체계로는 감당할 수 없다.

이에 따라 기업은 ESG 리스크를 전사적 리스크관리(ERM) 체계에 통합해야 하며, 국제적으로 가장 널리 활용되는 COSO 프레임워크가 ESG 통합 관리의 효과적인 도구로 주목받고 있다.

COSO 기반 ESG 리스크관리는 다음의 5가지 구성요소를 중심으로 작동한다.

첫째, 지배구조와 문화(Governance&Culture)다. ESG는 경영진과 이사회 차원에서 전략적 우선순위로 설정되어야 하며, ESG 감수성을 조직문화에 내재화해야 한다. 이를 위해 이사회 내 ESG 위원회를 설치하고, 임직원의 성과평가(KPI)에 ESG 지표를 반영하는 체계가 필요하다.

둘째, 전략과 목표 설정(Strategy&Objective Setting)이다. ESG 리스크는 기업의 전략 수립 초기 단계에서부터 반영되어야 하며, 기업의 비전과 지속가능성 목표와 정렬되어야 한다. 기후변화 대응 목표를 사업 전략과 연계하거나, ESG 기반 시나리오 계획을 수립하는 방식이 이에 해당한다.

셋째, 리스크 식별 및 평가(Risk Identification&Assessment)다. ESG 리스크는 물리적, 전환적, 평판적, 법적 요소 등으로 세분화해 식별되며, 가치사슬 분석 및 정량·정성 평가기법을 병행해야 한다.

넷째, 리스크 대응(Risk Response)에서는 회피, 완화, 전가, 수용의 4가지 전략이 통합적으로 실행되어야 한다. 내부 탄소가격제 도입이나 협력사 인권 실사 등은 대표적인 ESG 대응 전략이다.

다섯째, 모니터링 및 커뮤니케이션(Monitoring&Reporting)은 리스크 대응 효과를 측정하고, 이를 GRI, SASB, TCFD 기준에 따라 정량화하여 외부에 투명하게 공시하는 과정을 포함한다.

이러한 COSO 기반 접근 방식은 ESG 리스크를 단순한 비재무 항목이 아닌, 전략 수립과 기업 문화, 외부 보고에 이르기까지 전방위적으로 통합하는 구조를 제시한다. 특히 LG화학과 같은 글로벌 기업은 이미 COSO 프레임워크를 기반으로 한 ESG 리스크관리 시스템을 구축 중이며, 향후 개선 과제로 KPI 연계 강화, 대응 전략의 ROI 분석, 공시 효과성 향상 등을 도모하고 있다.

결론적으로, ESG 리스크는 독립된 카테고리가 아니라 기존 기업

경영 시스템 속에 통합되어야 하며, COSO는 이를 가능하게 하는 가장 현실적이고 체계적인 관리 프레임워크로 자리 잡고 있다. 기업은 이를 통해 지속가능성 시대의 복합적 리스크에 대응하고, 장기적 생존 가능성을 제고할 수 있다.

COSO 기반 ESG 리스크관리 체계

구성요소	정의	핵심 내용	ESG 적용 방식	기대 효과
지배구조와 문화	ESG를 조직의 핵심 가치와 의사결정 구조에 내재화하는 단계	이사회 및 경영진의 책임 강화, 조직문화 반영	ESG 위원회 설치, KPI에 ESG 반영	조직 전반의 ESG 인식 제고 및 책임성 강화
전략과 목표 설정	ESG 요소를 기업 전략 및 목표 설정에 통합	지속가능성 목표와 사업 전략 정렬	기후변화 대응 전략, ESG 시나리오 계획	장기적 경쟁력 및 지속가능 성장 확보
리스크 식별 및 평가	ESG 관련 리스크를 체계적으로 식별하고 분석	물리적·전환적 ·평판·법적 리스크 구분	가치사슬 기반 분석, 정량·정성 평가 병행	잠재 리스크 조기 발견 및 관리
리스크 대응	식별된 ESG 리스크에 대한 대응 전략 수립 및 실행	회피, 완화, 전가, 수용 전략 적용	탄소가격제 도입, 공급망 인권 실사	리스크 최소화 및 대응 효율성 향상
모니터링 및 보고	ESG 리스크 관리 결과를 지속적으로 점검하고 외부에 공시	성과 측정 및 정보 공개	GRI, SASB, TCFD 기준 활용	투명성 확보 및 이해관계자 신뢰 제고

제3장
국가별 지속가능경영 우수사례

1. 유럽: Unilever·IKEA

1) Unilever – 통합적 사회가치 창출 모델

유니레버는 유럽형 지속가능경영의 대표적인 성공 사례로, 사회적 가치와 비즈니스 성과를 통합하는 경영철학을 실천하고 있다. 2010년에 발표된 「Unilever Sustainable Living Plan(USLP)」은 글로벌 지속가능경영의 전범으로 평가되며, 'Doing Well by Doing Good(좋은 일을 통해 성장한다)'는 철학을 핵심으로 한다. 대표 사례로 인도의 라이프보이 비누 캠페인은 위생 교육과 항균 비누 보급을 결합하여 아동 사망률을 줄이는 사회문제 해결과 시장 확대를 동시에 달성하였다. 또한, 2039년까지 모든 제품의 넷제로 달성을 목표로 하고, 재활용 가능한 세제 용기·치약 튜브 등 순환경제형 제품 개발을 추진 중이다. 공급망 전반의 인권 개선, 노동환경 점검, 지역사회의 위생 인프라 확충 등은 유니레버가 사회적 가치와 시장 논리를 병행한 모범사례임을 보여준다.

2) IKEA – 순환경제 기반 생활혁신 모델

이케아는 "많은 사람들을 위한 더 나은 생활"이라는 비전을 바탕으로 순환경제를 핵심 전략으로 전환한 기업이다. 2030년까지 모든 제품을 재생 또는 재활용 소재로만 제조하겠다는 목표를 세우고, 제품 라이프사이클 전체를 재설계하였다. 특히 2020년부터 시행된 중고 가구 환매 프로그램(Buy Back Program)은 고객이 사용한 제품을 다시 구매·재판매하는 제도로, 자원순환과 수익 창출을 동시에 실현했다. 친환경 소재 제품 개발(베지 핫도그, 재활용 플라스틱 주방가구 등), 재생에너지 전환, 그리고 공급망 윤리경영 프로그램 등 ESG를 실생활 속으로 확장한 모델이 있다.

2. 미국: Patagonia·Tesla

1) Patagonia – 진정성 기반 사회운동형 모델

파타고니아는 지구를 살리는 기업이라는 사명 아래 ESG를 단순한 전략이 아닌 기업 존재 이유로 삼았다. 1985년부터 매출의 1%를 환경단체에 기부하는 '1% for the Planet' 운동을 통해 수많은 환경 프로젝트를 지원했으며, 2011년 블랙프라이데이의 "Don't Buy This Jacket(이 재킷을 사지 마세요)" 캠페인은 소비문화의 전환점을 만들었다. 파타고니아는 유행을 따르지 않는 내구성 중심의 제품 철학, 공급망 투명성 확보, 리사이클 소재 확대를 통해 진정성 있는 ESG 경영을 구현하고 있다. 특히 2022년 창업자가 회사를 지구 환경 신탁에 기부한 결정은 자본주의의 새로운 윤리적 방향성을 제시한 획기적 사건으로 평가된다.

2) Tesla – 기술혁신 중심 에너지 전환 모델

테슬라는 지속가능한 에너지로의 전 세계적 전환 가속화라는 비전을 실현하기 위해 전기차를 넘어 에너지 생태계 전반을 혁신하고 있다. 전기차(Model S~Cybertruck), 에너지저장장치(Powerwall, Megapack), 태양광(Solar Roof, Solar Panel)을 연계한 통합 에너지 플랫폼은 테슬라 ESG의 핵심 구조다. 테슬라의 차별화 포인트는 수직 통합과 오픈소스 전략이다. 배터리·소프트웨어를 자체 개발하고, 전기차 특허를 공개하여 산업 전체의 전환을 촉진했다. 그러나 ESG 평가에서 환경(E)은 탁월하지만, 노동권·거버넌스(G) 영역은 개선이 필요하다는 지적을 받고 있다. 이는 기술 중심의 ESG가 사회적 책임과 균형을 이뤄야 함을 보여주는 중요한 시사점이다.

3. 아시아: 삼성·도요타

1) 삼성전자 – 기술리더십 기반 탄소중립 모델

삼성전자는 2022년 신(新) 환경경영전략을 발표하며 2030년 DX부문, 2050년 전사 탄소중립을 선언하였다. 기술 중심의 단계적 ESG 접근을 통해 아시아 제조업의 모범사례로 자리 잡았다. 주요 전략으로는 RE100 가입을 통한 재생에너지 100% 전환, 저전력 반도체 기술개발, 폐기물 매립 제로화 등이 있다. 또한, 스마트스쿨 프로젝트를 통한 교육격차 해소, ESG위원회 운영을 통한 이사회 중심의 투명 거버넌스 확립 등도 주목받고 있다. 삼성전자는 MSCI ESG 평가에서 AA등급을 획득하며 기술·환경·사회 부문 모두에서 우수성을 인정받았다.

2) 도요타 – 다원화된 친환경 기술 포트폴리오 모델

도요타는 다양한 길을 통한 탄소중립이라는 현실적 접근으로, 지역별 에너지 인프라를 고려한 다중 경로 전략을 채택하고 있다. 하이브리드, 플러그인 하이브리드, 전기차, 수소차 등 다양한 멀티 패스웨이를 통해 점진적 전환을 추구한다. 대표적으로 프리우스 하이브리드, 미라이 수소연료전지차, 도요타통상의 순환경제 사업 등이 핵심이다. 또한, 고령자와 지역사회를 위한 모빌리티 서비스 등 사회적 포용형 기술 개발도 병행하고 있다. 일부에서는 전기차 전환이 느리다는 비판이 있으나, 도요타는 이를 현실적이고 포용적인 에너지 전환 전략으로 규정하며, 기술 다변화의 지속가능성을 강조하고 있다.

4. 지역별 지속가능경영의 특징 비교

지속가능경영은 글로벌 공통의 과제이지만, 각 지역은 역사적 배경과 산업 구조, 사회적 가치에 따라 고유한 접근 방식을 형성하고 있다. 지역별로 구분했을 때 유럽, 미국, 아시아는 서로 다른 지속가능경영 전략과 핵심 가치를 지니고 있으며, 대표 기업들을 통해 그 특징이 구체적으로 드러난다.

첫째, 유럽형 지속가능경영은 사회적 가치와 비즈니스의 통합을 지향한다. 유럽은 오래전부터 복지국가 모델과 윤리적 자본주의 전통을 바탕으로, 포용적 성장과 공동체의 이익을 중시해 왔다. 이러한 철학은 기업 경영에도 깊숙이 반영되어 있으며, 유니레버와 이케아 같은 대표 기업은 ESG 요소를 제품 기획과 공급망 운영의 핵심 원칙으로 삼고 있다. 유럽형 모델은 특히 윤리적 소비, 환경 보호, 사회적 연대와 같은 가치에 기반하여 지속가능한 경영을 실현한다.

둘째, 미국형 지속가능경영은 기술혁신과 시장 메커니즘에 중점을 둔다. 미국은 경쟁 중심의 자본주의와 창업 생태계를 바탕으로, 자율적 경쟁 속에서 브랜드 가치를 창출하고 ESG를 시장 성공의 수단으로 활용하는 경향이 강하다. 파타고니아는 환경 보호를 브랜드 정체성과 연결하고 있으며, 테슬라는 전기차 산업을 통해 기후 변화 대응과 기술 혁신을 동시에 추구한다. 미국형 모델은 기업의 혁신 역량을 ESG와 결합시켜 지속가능성과 수익성을 동시에 달성하는 전략을 강조한다.

셋째, 아시아형 지속가능경영은 제조기술을 기반으로 한 체계적 접근과 정부-기업 간 협력을 특징으로 한다. 아시아는 상대적으로 ESG 도입이 늦었지만, 최근에는 점진적인 전환 전략을 통해 지속가능성을 강화하고 있다. 삼성전자와 도요타는 정부 정책과 조화를 이루며, 친환경 기술 투자와 지속가능 공급망 강화에 앞장서고 있다. 아시아형 모델은 국가 차원의 정책 유도와 기업의 실행력이 결합된 혼합형 방식으로, ESG를 실질적으로 내재화해 나가고 있다.

지역별 지속가능경영의 특징

구분	주요 특징	핵심 가치	대표 기업
유럽형	사회적 가치와 비즈니스 통합	포용적 성장, 윤리적 자본주의	유니레버, 이케아
미국형	기술혁신과 시장 메커니즘 중심	자율경쟁, 브랜드 가치 창출	파타고니아, 테슬라
아시아형	제조기술 기반의 체계적 접근	점진적 전환, 정부-기업 협력	삼성전자, 도요타

이처럼 지역별 지속가능경영은 각각의 맥락과 산업 특성에 맞는 전략을 구사하고 있으며, 글로벌 ESG 확산 속에서도 고유한 방향성을 유지하고 있다. 향후 지속가능경영의 효과성을 높이기 위해서는 이러한 지역별 차이를 존중하고, 상호 보완적 협력 모델을 구축하는 것이 중요하다.

결국, 세 지역의 접근법은 서로 다른 제도·문화적 맥락 속에서 발전했지만, 지속가능한 가치 창출이라는 공통 목표를 향해 수렴하고 있다. 유럽은 사회적 신뢰와 윤리 중심, 미국은 혁신 중심, 아시아는 기술과 체계 중심으로 ESG를 구현하며, 이러한 다양성은 글로벌 지속가능발전목표(SDGs) 달성의 중요한 동력이 되고 있다.

제5부

ESG 금융과
글로벌 투자 전략

전 세계 금융시장에서 ESG 투자는 이제 선택이 아닌 필수가 되었다. 지속가능금융(Sustainable Finance)의 핵심 축으로 부상한 ESG는 투자자들에게 단기 수익보다 장기적인 리스크 관리와 책임 있는 가치 창출이라는 기준을 제시하고 있으며, 이는 글로벌 투자 흐름을 재편하고 있다. 실제로 2025년까지 ESG 관련 자산은 50조 달러에 이를 것으로 전망되며, 이는 글로벌 자본시장의 주류가 이미 ESG로 옮겨가고 있음을 의미한다.

이러한 흐름 속에서 각국은 각기 다른 전략으로 ESG 금융을 제도화하고 있다. 유럽연합(EU)은 CSRD(기업지속가능성 공시지침), SFDR(지속가능금융 공시규정) 등의 제도적 장치를 통해 ESG 공시의 정확성과 비교 가능성을 확보하고 있으며, 이를 통해 투자자 신뢰를 구축하고 있다. 반면, 미국은 일부 주(州)에서 ESG 투자가 정치적 논쟁의 대상이 되고 있으며, 그린워싱(Greenwashing)에 대한 우려가 커지면서 ESG에 대한 회의론도 확산되는 상황이다.

실물 금융에서도 ESG 원칙은 적극적으로 반영되고 있다. 정부와 민간 기업들은 그린본드, 소셜본드, 지속가능채권(Sustainability-Linked Bond) 등 다양한 ESG 채권을 발행하여 환경 프로젝트나 사회적 가치 창출에 필요한 자금을 조달하고 있으며, 이는 지속가능한 경제 전환의 재정적 기반이 되고 있다. 나아가 중앙은행과 금융당국은 기후 리스크를 금융 시스템의 주요 리스크로 간주하고 있으며, 이를 평가하기 위한 스트레스 테스트[33]도 도입되고 있다.

그러나 ESG 금융이 직면한 과제도 여전히 존재한다. 무엇보다 ESG의 개념 정의가 일관되지 않고, 관련 데이터의 신뢰성과 비교가능성에 대한 문제도 해결되지 않았다. 그린워싱 이슈는 단순한 마케팅이 아닌, 금융시장의 신뢰 자체를 위협하는 심각한 문제로 인식되고 있다.

결국 ESG 투자는 신뢰와 검증의 시대로 접어들고 있다. 앞으로의 ESG 금융은 투명한 정보 공개, 엄격한 공시 기준, 신뢰 가능한 평가 기준을 바탕으로 글로벌 투자자들에게 선택받는 새로운 표준으로 자리 잡을 것이다. 기업과 금융기관은 이러한 흐름에 선제적으로 대응하지 못한다면, 투자 매력도를 잃고 자본 유치에서 불리한 위치에 놓이게 된다.

---

33 기후 리스크 스트레스 테스트는 기후 변화가 금융 시스템에 끼칠 충격을 시뮬레이션해서 점검하는 테스트이다. 중앙은행과 금융당국들이 경제 시스템 전체의 내성을 시험함으로써 미래의 사회 변화가 현재 금융 시스템에 어떤 충격을 줄 것인지 실험해 보는 장치다.

제1장
지속가능금융시장 개요

 21세기에 들어 금융시장은 환경적 지속가능성과 사회적 책임을 중요한 가치를 수용하며 급속한 변화를 겪고 있다. 이러한 흐름의 중심에는 ESG 투자가 있으며, 윤리적 선택이 아닌 금융시장의 새로운 기준으로 자리잡고 있다. ESG는 기업의 비재무적 가치를 평가하는 핵심 지표로, 투자자들은 재무적 수익과 함께 환경적·사회적 성과를 동시에 고려하며 자본을 배분한다.

 이러한 패러다임은 지속가능금융(Sustainable Finance)이라는 이름으로 더욱 확장되었다. 지속가능금융은 기후변화 대응, 탄소중립 실현, 사회적 가치 창출을 목표로 하며, 자본의 흐름을 통해 환경 전환과 사회 혁신을 촉진하는 구조적 메커니즘으로 작동한다.

 지속가능금융시장은 최근 몇 년 사이 폭발적으로 성장하고 있다. 글로벌 ESG 투자 자산은 2024년 기준 121조 달러에 달하며, 이는 전체 운용자산의 3분의 1에 해당하는 규모다. 특히 지속가능채권은 이 시장의 중심축을 이루며, 2024년 한 해 동안에만 1조 달러 이상 발행되었다. 그린본드는 에너지 전환과 친환경 인프라 투자에, 소셜본드는 교육·의료·포용금융 같은 사회적 가치를 위한 프로젝트에 집중되고 있다. 유럽이 선도하고 있는 이 시장에는 아시아, 특히 중국과 일본도 빠르게 합류하고 있다.

규제 측면에서도 큰 진전이 있었다. 유럽연합(EU)은 세계에서 가장 정교한 지속가능금융 규제를 도입하여, 기업 활동을 환경 기준에 따라 분류하는 EU 택소노미와 모든 금융상품의 ESG 성과를 공시하도록 한 SFDR 등을 통해 시장의 투명성과 신뢰성을 높이고 있다. 이에 발맞춰 한국도 2021년 K-택소노미를 도입하며 녹색채권, 녹색여신 등 관련 금융상품을 본격 확대하고 있다.

ESG 투자의 성과도 주목할 만하다. 국내외 ESG 펀드는 장기적으로 일반 투자 대비 더 낮은 리스크와 높은 수익률을 보여주고 있다. 이는 ESG 투자가 안정적이고 지속가능한 자본운용 전략이라는 점을 실증적으로 보여주는 사례다.

물론 ESG에 대한 회의론과 백래시(Backlash)[34]도 존재했다. 즉 ESG나 지속가능금융 맥락에서 ESG에 대한 반감과 거부 움직임이 나타났다. 겉으로는 ESG를 내세우지만, 실제는 친환경도 아니고 사회적 가치도 없이 위장만 하는 기업들의 그린워싱(greenwashing)과 ESG 평가 기준이 통일되지 않고 모호하다는 비판 등이 제기되고

---

34 백래시는 ESG에 대한 반발이 아니라 성숙한 ESG가 되기 위해서 지속가능성 전략을 위한 진통이다. ESG의 몰락이 아니라 ESG의 각성이다.

있다. 그러나 주요 국가들은 규제 정비와 데이터 기반 공시를 통해 대응하고 있으며, 이는 시장의 신뢰 회복으로 이어졌다. 지속가능금융은 이제 단기적 유행이 아닌 세계 자본시장의 구조적 방향성으로 자리 잡고 있으며, 앞으로 기후 위기 대응, 사회적 불평등 해소, 기술과 금융의 융합을 통해 글로벌 경제의 미래를 재편하는 데 핵심적 역할을 하게 될 것이다.

제2장
ESG 기반 투자전략 유형

　지속가능한 가치를 추구하는 ESG 금융이 확산되면서, 자산운용사와 투자자들은 다양한 전략을 통해 환경, 사회, 지배구조 요소를 투자 의사결정에 반영하고 있다. 이러한 흐름은 장기적인 수익성과 리스크 관리를 위한 전략적 접근으로 자리 잡고 있다. 투자자들은 ESG 요소가 기업의 재무적 건전성과 브랜드 가치, 그리고 지속가능 성장성에 어떤 영향을 주는지를 정밀하게 따지고 있다. 대표적인 ESG 투자전략은 다음의 다섯 가지 유형으로 구분된다.

　첫째, 네거티브 스크리닝(Negative Screening) 전략이다. 이는 윤리적으로 문제가 되거나 ESG 기준에 부합하지 않는 산업이나 기업을 투자 대상에서 제외하는 방식이다. 예를 들어, 석탄, 담배, 무기 산업, 아동 노동 문제 기업 등이 배제된다. 역사적으로 종교 기반 투자에서 유래한 이 방식은 ESG 투자 중 가장 오래된 전략이며, 리스크 회피에 중점을 둔다.

둘째, 포지티브 스크리닝(Positive Screening) 전략은 ESG 성과가 우수한 기업이나 산업을 선별하여 우선적으로 투자하는 방식이다. 이는 최고의 기업(Best-in-Class)을 선택하는 접근으로, 같은 산업 내에서도 ESG 평가지표가 높은 기업에 투자함으로써 지속가능성과 장기 성장성을 추구한다.

셋째, ESG 통합(ESG Integration) 전략은 전통적인 재무 분석에 ESG 요소를 체계적으로 통합하여 투자 의사결정을 내리는 방식이다. 이 전략은 단순한 배제나 선택이 아니라, ESG 리스크와 기회를 기존의 투자 분석 프레임워크에 반영함으로써 포트폴리오의 위험 조정 수익률을 높이려는 목적을 가진다. 최근 많은 글로벌 운용사들이 이 방식을 채택하고 있다.

넷째, 테마형 투자(Thematic Investing)는 친환경 에너지, 기후변화 대응, 인권 보호, 양성평등, 지속가능한 농업 등 특정 ESG 주제를 중심으로 한 산업이나 프로젝트에 집중 투자하는 전략이다. 이는 미래 사회의 구조적 변화에 대응하면서, 새로운 시장 기회를 포착하려는 목적을 담고 있다.

마지막으로, 임팩트 투자(Impact Investing)는 투자 수익뿐만 아니라 측정 가능한 사회적·환경적 긍정적 영향 창출을 목표로 하는 전략이다. 예를 들어, 저소득층을 위한 금융 접근성 확대, 지속가능한 농업 프로젝트 지원, 개발도상국의 교육 사업 등이 해당된다. 임팩트 투자는 사회적 책임과 수익률을 동시에 추구하며, 그 성과에 대한 투명한 측정이 중요한 요소로 간주된다.

이 다섯 가지 전략은 상호 배타적인 것이 아니라, 투자자의 철학과 목적에 따라 조합하여 활용될 수 있다. 오늘날 ESG 투자는 단순한 필터링이 아니라, 보다 정교하고 전략적인 금융 활동으로 진화하고 있다. 이 흐름 속에서 투자자는 ESG 요소를 이해하고, 자신의 포트폴리오에 적합한 전략을 선택하는 것이 무엇보다 중요하다.

ESG 기반 투자전략

전략 유형	개념	투자 방식	목적	특징
네거티브 스크리닝	ESG 기준에 부합하지 않는 기업 배제	특정 산업(석탄, 담배 등) 제외	리스크 회피	가장 오래된 방식, 윤리 중심
포지티브 스크리닝	ESG 성과 우수 기업 선별	동일 산업 내 우수 기업 선택	장기 성장성 확보	Best-in-Class 전략
ESG 통합	재무 분석에 ESG 요소 반영	기존 투자 분석, ESG 평가	위험 대비 수익 최적화	현재 가장 많이 사용
테마형 투자	특정 ESG 주제 중심 투자	친환경, 인권, 기후 등 분야 집중	미래 시장 선점	트렌드 기반 투자
임팩트 투자	사회·환경에 직접적 영향 창출	사회문제 해결, 프로젝트 투자	수익 및 사회적 가치	성과 측정 중요

제3장
ESG 금융상품

ESG 금융상품은 자금 조달과 운용의 전 과정에서 환경, 사회, 지배구조의 가치를 반영하는 지속가능금융(Sustainable Finance)의 핵심 영역이다. 이러한 금융상품은 투자와 자본 흐름이 사회적·환경적 긍정 효과를 창출하도록 설계되어 있다. 대표적인 유형으로 ESG 채권과 ESG 펀드가 있으며, 각각의 상품군은 자금의 용도와 투자 구조에서 뚜렷한 차이를 보인다.

1. ESG 채권
: 녹색채권·사회적채권·지속가능채권

1) 녹색채권(Green Bond)

녹색채권은 ESG 채권 시장의 가장 큰 비중을 차지하는 핵심 상품이다. 2024년 전 세계 지속가능채권 발행액 1조 달러 중 녹색채권이 약 58%를 차지하며 ESG 금융의 중심축으로 자리 잡았다.

이 채권은 재생에너지, 에너지 효율, 친환경 교통, 기후적응, 수자원 관리, 청정기술 등 명확히 정의된 환경 프로젝트에만 자금을 사용할 수 있다. 국제자본시장협회(ICMA)의 2025년 그린본드원칙(GBP)은 그린 활동의 실행·운영·행동 변화까지 적용 범위를 확대하며, 녹색채권의 활용 가능성을 넓혔다.

한국 시장에서도 2018년 이후 급격히 성장하여, 2024년 기준 누적 7조 원 이상(1,662건)의 녹색채권이 발행되며 시장 점유율이 10%에서 65%로 상승했다. 이는 한국형 녹색분류체계(K-Taxonomy)의 도입과 정부의 탄소중립 정책 강화가 맞물린 결과이다. 녹색채권의 자금 용도는 엄격하게 제한된다. 신재생에너지, 에너지 효율 개선, 친환경 교통, 지속가능한 수자원 관리, 기후변화 적응, 청정기술 등 명확히 정의된 녹색 프로젝트에만 활용할 수 있다.

2) 사회적채권(Social Bond)

사회적채권은 사회적 가치 창출 프로젝트에 투자하기 위한 자금 조달 수단이다. 녹색채권보다는 규모가 작지만, 사회적(S) 가치 실현의 구체적 수단으로서 중요성이 커지고 있다.

자금은 저소득층 주거, 교육 접근성, 의료 인프라, 고령화 대응, 사회적 기업 지원, 일자리 창출, 성 평등 증진 등 사회문제 해결을 위한 분야에 투입된다. 국내에서는 한국산업은행(KDB) 등 주요 금융기관이 선도적으로 사회적채권을 발행하며, 발행자금은 환경·사회

리스크 심사를 거쳐 투명하게 관리된다.

3) 지속가능채권(Sustainability Bond)

지속가능채권은 녹색채권과 사회적채권의 성격을 결합한 통합형 ESG 채권이다. 이 채권은 환경보호 프로젝트와 사회적 가치 창출 사업을 동시에 지원할 수 있어, 발행기관에는 자금운용의 유연성을, 투자자에게는 ESG 전 영역의 포괄적 임팩트 투자를 제공한다. 글로벌 기업들은 지속가능경영 전략의 일환으로 이 채권을 적극 활용하고 있으며, 유럽의 EU Green Bond Standard(EuGB)가 시장의 신뢰성과 투명성을 뒷받침하고 있다. 지속가능채권의 특징은 자금 용도의 포괄성에 있다. 환경 친화적 프로젝트와 사회가치 창출 사업을 동시에 지원할 수 있어, 발행 기관 입장에서는 보다 유연한 자금 활용이 가능하고, 투자자 입장에서는 ESG 전 영역에 걸친 임팩트 투자를 실현할 수 있다. 주요 글로벌 기업들이 이러한 특성을 활용해 통합적 지속가능경영 전략의 일환으로 지속가능채권을 적극 활용하고 있다.

2. ESG 펀드의 개념과 특징

ESG 펀드는 투자 대상 기업을 선정할 때 재무성과뿐 아니라 환경 (E), 사회(S), 지배구조(G) 요소를 반영한다. 전통적인 수익 중심 펀드와 달리, 환경오염·인권침해·지배구조 리스크가 높은 기업을 배제하고 장기적 성장성과 책임경영이 우수한 기업에 투자한다.

2024년 글로벌 ESG 펀드의 연간 수익률은 8.2%로 시장 평균을 상회했다. 미국에서는 ESG 펀드의 평균 수익률이 S&P500 대비 2배 이상이었으며, 장기 평균 수익률도 매우 우수했다. 이는 ESG 투자가 단순한 윤리적 행위가 아닌 재무적 성과와 리스크 관리 측면에서도 유효함을 입증한 결과이다.

ESG 펀드 시장의 지속 성장을 위해 정보 투명성 제고, 그린워싱 방지 등이 필요하다. 특히 기업 ESG 데이터의 신뢰성과 비교가능성을 확보하고, 표준화된 공시 기준을 마련하는 것이 중요하다.

ESG 금융상품은 윤리적 투자의 영역을 넘어 실증적 성과와 자본시장의 중심축으로 자리잡고 있다. 채권 부문에서는 자금의 명확한 용도와 사회·환경적 임팩트가, 펀드 부문에서는 높은 수익률과 우수한 리스크 관리 능력이 그 가치를 입증한다. 앞으로 ESG 정보 공시의 표준화, 외부 검증 강화, 투자자 인식 제고가 병행된다면 ESG 금융은 지속가능한 자본주의의 핵심 메커니즘으로 발전할 것이다.

제6부

공시 및
지속가능경영보고서

ESG(환경, 사회, 지배구조) 정보공시는 단순한 기업 홍보용 수단이 아니라, 지속가능한 성장과 장기적 가치 창출 능력을 평가받기 위한 필수 지표가 되고 있다.

투자자뿐만 아니라 고객, 공급업체, 지역사회는 기업 활동의 전 과정을 지켜보고, 단순히 이윤만 잘 내는 기업이 아니라, 어떻게 이윤을 내느냐, 그 과정에서 사회와 환경에 어떤 영향을 주었느냐를 판단한다. 기업은 자신의 ESG 성과를 정확하고 비교 가능하게 공개해야 할 책임이 있다. 결국 ESG 정보공시는 기업의 지속가능한 미래를 건설하기 위한 소통의 기반이고, 신뢰 구축의 출발점이다.

제1장
ESG 정보공개 및 공시 의무화 동향

1. 공시 의무화 배경 및 필요성

기후 위기, 인권 침해, 공급망 리스크 등 기업 활동의 외부효과가 사회적 쟁점으로 부상하면서, 재무정보만으로는 기업의 지속가능성을 평가하기 어렵다는 인식이 확산되었다. 이에 따라 ESG(환경·사회·지배구조) 정보는 기업 이해관계자—특히 투자자, 금융기관, 소비자 등—에게 중요한 의사결정 자료로 자리잡았다. 하지만 ESG 정보가 자율적이고 비표준적인 방식으로 공개됨에 따라, 정보의 비교 가능성, 신뢰성, 적시성이 결여된다는 비판이 제기되어 왔다. 이러한 한계는 결국 정보공개의 의무화 및 표준화된 기준의 도입으로 귀결되었으며, 이는 기업의 비재무성과를 제도적 틀 안에서 공시하도록 요구하는 방향으로 전환되었다.

2. 글로벌 ESG 공시 의무화 현황

국제적으로는 EU의 CSRD(Corporate Sustainability Reporting Directive)가 ESG 공시 의무화의 대표적 제도로 자리잡았다. 이 지침은 기존의 NFRD(비재무보고지침)를 대체하며, 유럽 내외의 대기업, 상장사 및 다국적 기업까지 포괄적으로 ESG 정보의 공시를 의무화하고 있다. CSRD는 ESRS(European Sustainability Reporting Standards)를 통해 기후변화, 인권, 공급망, 지배구조 등 핵심 주제에 대한 세부 공시 기준을 규정하며, 중대성 평가(Dual Materiality)를 기반으로 기업이 자사 및 사회에 미치는 영향을 모두 고려하도록 요구한다.

한편, IFRS 재단 산하 ISSB(국제지속가능성기준위원회)는 국제적으로 통일된 ESG 공시 기준을 마련하기 위해 IFRS S1(지속가능성 관련 재무공시 기준)과 IFRS S2(기후 관련 공시 기준)를 발표하였다. 이 기준은 기존의 TCFD(Task Force on Climate-related Financial Disclosures) 권고안을 계승하며, 투자자 중심의 공시를 목적으로 하고 있다. 미국, 일본, 영국 등도 자국 내 ESG 공시 체계 정비에 착수하였으며, 아시아 주요국 역시 도입 일정을 검토 중이다.

3. 한국의 ESG 공시 의무화 로드맵

한국정부는 ESG 공시의 국제적 흐름에 대응하기 위해 단계적 의무화를 추진하고 있다. 금융위원회는 2025년부터 자산총액 2조 원 이상 유가증권시장 상장사를 대상으로 ESG 정보의 의무공시를 도입할 예정이며, 2030년까지 모든 코스피 상장사로 확대하는 계획을 제시한 바 있다. 현재는 자율공시 형태의 '지속가능경영보고서'가 권장되고 있으나, K-ESG 가이드라인 및 국가공시 기준 제정 등이 병행되며 공시항목의 일관성과 비교 가능성을 높이는 작업이 진행 중이다.

또한 자본시장법 개정안을 통해 ESG 정보공시의 법적 근거를 확보하고, 외부감사 또는 검증의 도입을 위한 하위 법령 정비가 이루어지고 있다. 이는 향후 CSRD와 ISSB 기준에 대응하기 위한 제도적 기반을 마련함과 동시에, 국내 기업의 ESG 경쟁력을 높이는 데에 기여할 것으로 기대된다.

4. 공시 준비 체크리스트

기업이 ESG 공시 의무화에 대비하기 위해서는 다음과 같은 핵심 준비 항목을 점검할 필요가 있다.
- 중대성 평가(Materiality Assessment) 실시: 자사 산업, 지역, 이해 관계자 관점에서 중요 이슈 식별
- ESG 거버넌스 체계 정비: 이사회 수준의 ESG 위원회 구성과 책임자 지정
- 데이터 수집 및 관리체계 구축: E(배출량, 에너지 사용), S(노동, 다

양성), G(윤리경영 등) 항목별 KPI 정량화

- 외부 검증 준비: 향후 외부감사 대상 확대에 대비해, ESG 데이
  터의 신뢰성과 검증 가능성 확보
- 보고서 작성 및 공개 전략 수립: GRI, SASB, TCFD, K-ESG 등
  다중 프레임워크의 정렬과 통합 보고 방향 설정

이러한 준비는 단순한 준법 차원을 넘어, 기업의 리스크 대응 능력과 이해관계자와의 신뢰 확보를 위한 전략적 행위로 간주되어야 한다. ESG 공시는 점차 선택이 아닌 책임의 문제로 변모하고 있으며, 이에 대한 체계적 대응은 향후 기업의 지속가능성과 투자매력도를 결정짓는 핵심 요소가 될 것이다.

제2장
공시 3대 핵심 요소

    기업의 지속가능성 공시는 단순한 정보 공개를 넘어, 기업의 사회적 책임과 장기적 생존 전략을 외부 이해관계자에게 명확하게 전달하는 수단이다. 이에 따라 국제기준 및 국내 ESG 공시제도 모두, 공시의 질적 수준을 결정짓는 핵심 요소로 중요성 평가(Materiality Assessment), 이해관계자 참여(Stakeholder Engagement), 지속가능경영 전략(Sustainability Strategy)을 들고 있으며 이들의 통합을 요구하고 있다. 각 요소는 독립적이면서도 상호작용하며, 공시의 투명성과 신뢰성, 실효성을 좌우하는 근간이 된다.

1. 중요성 평가

    중요성 평가(Materiality Assessment)는 ESG 공시의 출발점이자 중

심 축이다. 이는 기업이 수많은 ESG 이슈 중에서 자사의 경영활동과 재무성과에 중대한 영향을 미치거나, 혹은 기업이 사회·환경에 미치는 영향이 중대한 이슈를 선별하는 과정을 의미한다.

최근 국제적으로는 이중 중요성(Dual Materiality) 개념이 확산되고 있다. 이는 단순히 투자자 관점에서의 재무적 중요성을 넘어, 기업이 외부 환경과 사회에 끼치는 비재무적 영향까지 함께 고려하는 방식이다.

중요성 평가의 과정에는 산업 특성, 규제 변화, 지역사회와의 관계, 공급망 구조 등 다층적 요소가 반영되어야 하며, 정성적 판단뿐 아니라 정량적 근거(데이터 기반 리스크 평가 등)와의 연계가 요구된다. 이 평가는 ESG 공시에서 공시 범위 및 수위를 결정하는 기준점으로 작용하며, 전략 수립과 내부 리스크 관리 체계와도 밀접히 연결된다.

2. 이해관계자 참여

ESG 공시는 기업 내부의 목소리만으로 완결될 수 없으며, 이해관계자(Stakeholder Engagement)의 참여와 의견 수렴은 공시의 타당성과 신뢰성을 높이는 데 필수적이다. 이해관계자에는 주주뿐 아니라 직원, 고객, 지역사회, NGO, 정부, 공급업체 등 다양한 주체가 포함되며, 각 주체는 서로 다른 기대와 요구를 가진다.

이해관계자 참여는 보통 설문조사, 인터뷰, 포커스 그룹 인터뷰

(FGI), 간담회 등의 방식으로 수행되며, 이 과정을 통해 기업은 중요 이슈의 우선순위를 재정렬하고, 중장기 지속가능전략에 반영할 수 있는 인사이트를 확보하게 된다. 특히, 다자적 참여와 투명한 의견 반영은 ESG 공시의 '정당성'을 뒷받침하는 근거가 되며, 신뢰기반 경영의 핵심으로 작동한다.

3. 지속가능경영 전략

중요성 평가와 이해관계자 참여를 통해 도출된 핵심 이슈는, 단순히 공시에 그치는 것이 아니라 기업의 지속가능경영 전략(Sustainability Strategy)과 통합되어야 한다. 전략 수준의 ESG 경영은 단기적 리스크 관리에서 나아가, 중장기적으로 재무적 성과와 지속가능성을 동시에 추구하는 방향성을 설정하는 것을 의미한다.

구체적으로는 온실가스 감축 목표(Net-Zero 계획), 다양성과 포용 정책, 공급망 윤리 기준, 인권실사 체계, 이사회 구조 개편 등과 같은 경영적 실행계획이 해당된다. 이러한 전략은 ESG 공시의 중심 내용이 되며, 내부적으로는 조직 구조, 자원 배분, 내부통제 시스템과 연결되어 실행력을 갖추게 된다. 더불어, 전략이 일관된 목표와 KPI(Key Performance Indicator)를 통해 성과로 측정되고, 지속적으로 개선되는 체계를 갖추는 것이 중요하다.

요약하자면, ESG 공시의 3대 핵심 요소는 단순한 문서 작성 절차가 아니라, 기업의 지속가능성 역량을 전략-실행-공시로 연결시키는 구조화된 메커니즘이다. 이 세 요소가 유기적으로 통합될 때, ESG 공시는 단순 의무 이행을 넘어서 기업 가치를 실질적으로 강화하는 도구가 된다.

제3장
이중 중대성

    재무적 중대성(Financial Materiality)과 영향 중대성(Impact Materiality)의 차이와 그 둘을 결합한 이중 중대성(Dual Materiality)은 ESG공시에서 가장 중요한 개념이다.

    지속가능경영 공시 체계의 정교화에 따라, 중대성(materiality)은 더 이상 단일 기준에 따라 해석되지 않는다. 기존에는 주로 재무적 관점에서 중대성이 정의되었지만, ESG 공시의 세계적 확산과 함께 사회·환경적 영향의 중요성 또한 공시 기준에 반영되기 시작하였다. 이러한 변화는 재무적 중대성과 영향 중대성이라는 두 개념의 공존을 요구하게 되었고, 이를 종합한 개념으로 이중 중대성(Dual Materiality)이 등장하게 되었다.

1. 재무적 중대성

재무적 중대성(Financial Materiality)은 기업의 외부 환경 요인—예 컨대 기후변화, 규제 강화, 노동 분쟁 등—이 기업의 재무성과와 경 제적 가치에 미치는 영향을 중심으로 판단하는 접근이다. 이 개념 은 투자자, 채권자 등 자본시장 참여자들의 의사결정을 지원하는 것을 목적으로 하며, 기존의 회계기준과 밀접한 연관을 갖는다. 예 를 들어, 탄소배출 규제가 강화되었을 때 해당 기업의 영업비용이 증가하거나, 공급망 불안정으로 인한 매출 손실 가능성이 있는 경 우, 이는 재무적 중대한 사안으로 간주된다.

2. 영향 중대성

영향 중대성(Impact Materiality)은 반대로, 기업이 외부 사회와 환 경에 미치는 실질적 영향을 중심으로 평가한다. 이 관점에서는 기 업 활동이 지역사회, 생태계, 노동자, 인권, 기후 등에 어떤 영향을 끼치는지가 핵심 판단 기준이다. 재무성과와 직접적으로 연결되지 않더라도, 사회적 가치나 윤리적 책임 측면에서 중요한 이슈로 간주 될 수 있다. 예를 들어, 특정 지역에서의 수자원 고갈, 아동노동 유 발, 다양성 부족 등은 영향 중대성 측면에서 높은 평가를 받는다.

3. 이중 중대성

이중 중대성(Dual Materiality)은 위 두 관점을 통합한 개념으로, 기업의 지속가능성 이슈를 자신에게 미치는 재무적 영향과 자신이 외부에 미치는 사회·환경적 영향을 동시에 고려하는 접근이다. 이는 EU의 CSRD 및 ESRS 기준에서 핵심 원칙으로 채택되었으며, 기업은 모든 ESG 이슈에 대해 두 가지 중대성 관점을 각각 평가하고, 최소한 하나 이상에 해당할 경우 공시 대상으로 삼아야 한다.

이중 중대성은 단순한 정보의 양을 늘리는 것이 아니라, 공시 정보의 균형성과 정당성, 이해관계자 신뢰 확보를 위한 구조적 원칙으로 작동한다. 투자자에게는 재무적 투명성을 제공하고, 시민사회에는 기업 책임성과 지속가능성에 대한 정보를 제공함으로써, ESG 공시를 단일 이해관계자가 아닌 다층적 이해관계자를 위한 통합 플랫폼으로 확장시키는 데 기여한다.

ESG 중대성 개념 비교

구분	재무적 중대성	영향 중대성	이중 중대성
기준	기업 재무 영향	사회·환경 영향	두 기준 통합
관점	외부 → 기업	기업 → 외부	양방향
대상	투자자	사회·환경	모두
핵심	수익·비용 영향	사회적 책임	하나라도 해당 시 공시

제4장
지속가능경영보고서 평가

　기업이 ESG 데이터를 공시하면, 제3자가 그 데이터의 신뢰성여부를 검증하고 국제 기준(예: ISO, LEED, FSC 등)에 맞춰 인증을 받는다.

　분야에 따라서는 인증만 받을 수도 있다. 예컨대 유기농 인증, 탄소배출 인증 등은 검증을 생략하고 바로 인증을 받는다. 하지만 보고서나 경영 시스템 같은 조직 수준의 ESG라면 검증 없이 인증은 불가능한 경우가 대부분이다. 먼저, 팩트 확인을 위해 검증을 하고, 인증은 마지막으로 공식 인정하는 과정이다. ESG 지속가능보고서가 검증 없이 인증받게 되면 그린워싱이라는 오명을 쓰게 될 가능성이 있다. 따라서 지속가능보고서는 먼저 회계법인이나 전문 검증기관의 검증을 받은 후 ISO인증을 받는 절차를 거친다.

　지속가능경영보고서는 다음과 같은 과정을 거친다.

　지속가능보고서 공시 → 검증(회계법인 등) → 운영 시스템 인증(ISO 등) → 평가(ESG 평가기관)

첫째, 기업이 ESG 활동과 데이터를 정리하고 GRI, ISSB 같은 국제 가이드라인을 참고하여 보고서를 만든다.

둘째, 이 보고서를 회계법인이나 ESG 전문 검증기관(Assurance provider) 등에 의뢰하여 AA1000AS 또는 ISAE 3000 등의 국제 검증 표준에 따라 제3자 검증(Assurance)을 받는다. 이 과정에서 데이터의 신뢰성과 투명성을 검토한다. 온실가스 Scope 1, 2, 3 배출량 같은 지표도 이 단계에서 ISO 14064-3 표준에 따라 수치 검증을 받는다. 검증기관이 검토한 결과를 신뢰할 수 있다는 의견서를 지속가능보고서에 첨부한다.

- AA1000AS(AccountAbility 1000 Assurance Standard): 영국 AccountAbility가 제정한 지속가능성 보고서 전문 검증 표준으로, 국내 기업의 약 87.9%가 사용(2024년 기준). 이해관계자 포용성(Inclusivity), 중요성(Materiality), 대응성(Responsiveness), 영향성(Impact) 원칙을 기반으로 검증

- ISAE 3000(International Standard on Assurance Engagements 3000): 국제회계사연맹(IFAC) 산하 국제감사보증기준위원회 (IAASB)가 제정한 비재무정보 보증업무 표준. 회계법인들이 주로 사용하며, 글로벌 기업의 92%가 활용

- ISO 14064-3: 온실가스 배출량 및 감축량에 대한 검증·타당성 평가 표준. Scope 1, 2, 3 배출량 검증에 사용

- ISSA 5000(신규): 2024년 9월 IAASB가 승인한 새로운 국제 지속가능성인증기준으로, 2025년 3월 공식 발표 예정. 기존 ISAE 3000을 보완하여 지속가능성 정보 검증의 글로벌 표준

화를 목표로 함

검증 수준은 제한적 보증(Limited Assurance)과 합리적 보증(Reasonable Assurance)으로 구분되며, 합리적 보증이 더 높은 신뢰 수준을 제공한다.

검증기관은 기업이 지속가능보고서에서 활용한 ESG 데이터의 신뢰성을 검토한다. 숫자 조작이나 과장된 표현이 없는지, 근거가 있는지를 팩트 기반으로 확인한다. 대표적인 검증기관으로는 삼일 PwC, 삼정KPMG, EY한영, 딜로이트안진 등 4대 회계법인과 BSI Group, TÜV SÜD, DNV, SGS 등 글로벌 인증·검증 전문기관이 있다. 분야에 따라서는 검증을 생략할 수 있다. 예컨대 유기농 인증, 탄소배출 인증 등은 이미 생산단계에서 검증이 이루어졌기 때문에 검증을 생략할 수 있다. 하지만 보고서나 경영 시스템 같은 조직 수준의 ESG라면 검증 없이 인증은 불가능한 경우가 대부분이다. 먼저, 팩트 확인을 위해 검증을 하고, 인증은 마지막으로 공식 인정하는 과정이다. 기업이 공시한 ESG 지속가능보고서가 검증 없이 인증받게 되면 그린워싱이라는 오명을 쓰게 될 가능성이 있다. 기업이 지속가능보고서를 공시하면 먼저 회계법인이나 전문 검증기관의 검증을 받은 후 ISO인증을 받는 절차를 거친다.

셋째, ESG 관련 국제표준화 기구인 ISO에 의뢰하여 ESG 경영의 뼈대를 이루는 환경경영 ISO 14001, 에너지경영 ISO 50001, 사회책임 ISO 26000 등과 같은 ESG 관련 운영 시스템(Management Systems)에 대한 심사를 받는다. 환경경영 시스템 ISO 14001은 기업이 환경에 미치는 영향을 체계적으로 관리하고 줄이도록 만드는 시스템이다. 환경 리스크를 정량적으로 관리하고 개선하는 절차를 갖추게 하여 기업이 에너지 사용량을 줄이고 효율성을 높이기 위한 시스템을 도입했는지 심사한다.

에너지경영시스템 ISO 50001은 기업의 에너지 사용 효율을 극대화하고 탄소배출을 줄이는 시스템이다. 공장과 사무실 전체의 에너지 흐름을 분석하고 최적화하는 역할을 한다. 사회책임 ISO 26000은 사회적 책임 가이드라인으로서 기업의 사회적 책임 경영을 위한 지침서이다. 이것은 인증을 받는 시스템이 아니라, 기업이 사람·사회·지속가능한 발전에 어떤 영향을 미치는지 스스로 관리하도록 안내한다. 실제 인증은 SGS, TÜV, DNV, BSI같은 글로벌 인증기관과 한국표준협회(KSA), 한국품질재단(KFQ), 한국생산성본부(KPC) 등과 같은 국내 인증기관이 ISO표준에 의거하여 인증을 해준다. ISO자체는 ESG인증기관이 아니다.

넷째, ESG 평가기관(Rating agency)은 기업의 ESG 성과를 '점수'나 '등급'으로 평가한다. 투자자와 금융회사는 이 평가결과를 보고 투자 여부를 결정한다. 글로벌 ESG 평가기관에는 MSCI ESG Ratings, Sustainalytics, S&P Global ESG Score, FTSE Russell 등이 있고 한국에는 한국기업지배구조원(KCGS)이 있다. 이들 평가기관들은 기업의 공개자료(지속가능보고서, 사업보고서, 웹사이트)를 기반으로 ESG 활동을 자체 평가 모델에 따라 점수화한다. 환경(E), 사회(S), 지배구조(G) 세 축으로 나눠 세부 항목을 체크하고, 보통 A~D 또는 0~100 점수로 평가한다.

지속가능보고서 관련 기관의 종류와 역할을 보면 다음과 같다.

지속가능보고서 관련 기관의 역할

구분	기관	역할	비고
검증 전문기관	삼일PwC, 삼정KPMG, EY한영, 딜로이트안진	ESG 보고서의 데이터 신뢰성 검증(AA1000AS, ISAE 3000 적용)	주로 검증만 수행
검증·인증 복합기관	DNV, BSI, SGS, TÜV SÜD	ESG 보고서 검증 + ISO 경영시스템 인증(ISO 14001, 50001 등)	검증과 인증 모두 수행
국내 인증기관	한국표준협회(KSA), 한국품질재단(KFQ), 한국생산성본부(KPC), IQCS	ISO 경영시스템 인증	주로 인증만 수행
평가기관	MSCI, KCGS, Sustainalytics, S&P Global	ESG 등급 부여 및 외부 평가	검증·인증과 독립적

제5장
지속가능경영보고서 작성 실무

지속가능경영보고서는 기업이 환경, 사회, 지배구조 전 영역에서 얼마나 책임 있고 투명하게 운영되고 있는지를 공식적으로 공개하는 신뢰의 증거다. 즉, 보고서는 기업의 철학이 아니라 시스템을 보여주는 경영의 거울이다.

1. 특성과 기대효과

지속가능경영보고서는 이해관계자에게 기업의 장기적 건전성과 책임 있는 경영 철학을 투명하게 전달하는 공식 문서다. 기업의 지속가능경영 수준을 객관적 데이터와 질적 설명을 통해 입증하는 핵심 커뮤니케이션 수단으로 기능한다.

1) 지속가능경영보고서의 주요 특성

기업의 ESG 활동을 정량적 데이터와 근거 중심으로 공개하여, 이해관계자들이 객관적으로 기업의 지속가능성을 평가할 수 있도록 한다. 이를 통해 보고서는 기업의 '신뢰도'를 높이고, 그린워싱 논란을 예방하는 역할을 한다.

지속가능경영보고서는 KPI, 수치, 지표 등 정량적 정보뿐 아니라, 기업의 철학·비전·사회적 스토리 등 정성적 설명을 병행한다. 이로써 단순한 데이터 나열이 아닌, 기업의 가치 창출 과정을 서사적으로 전달할 수 있다.

보고서는 투자자, 고객, 협력사, NGO, 정부, 지역사회 등 다양한 이해관계자를 대상으로 하며, 각 집단의 정보 요구에 맞게 ESG성과를 종합적으로 제시한다. 이는 기업과 사회 간의 신뢰 관계를 강화하는 중요한 기반이 된다.

2) 지속가능경영보고서의 기대효과

첫째, ESG 요소를 체계적으로 공시함으로써 투자자의 신뢰를 확보하고, ESG 투자유치 및 자본비용 절감 효과를 거둘 수 있다. 이는 지속가능금융 시대에서 기업의 경쟁력 강화를 의미한다.

둘째, 기후변화, 인권침해, 공급망 리스크 등 비재무적 위험 요인을 조기에 식별·관리함으로써 잠재적 손실을 예방할 수 있다. 이는 ESG 리스크 관리체계의 핵심성과로 이어진다.

셋째, 윤리적·책임경영을 강조하는 보고서는 MZ세대를 비롯한 소비자의 신뢰를 높이고, 브랜드 충성도를 강화한다. 장기적으로 기업의 평판 가치를 높이는 효과를 낳는다.

넷째, 지속가능경영보고서 작성 과정에서 ESG가 기업 전략과 조직문화에 내재화되며, 전 임직원이 지속가능성을 핵심 가치로 공유하게 된다. 이는 기업의 장기적 혁신 역량과 지속가능한 성장의 토대를 마련하는 결과로 이어진다.

2. 작성 절차 및 프로세스

지속가능경영보고서 작성은 기업의 전략과 경영시스템을 체계적으로 구조화하는 과정이다. 이는 기업의 비전, 철학, 데이터, 전략을 일관성 있게 통합하여 ESG 경영의 정합성과 실행력을 외부 이해관계자에게 전달하는 중요한 도구로 작동한다. 일반적인 보고서 작성 절차는 다음과 같은 다섯 단계로 구성된다.

첫째, 전략 수립 단계에서는 기업의 비전과 경영전략에 부합하는 ESG 핵심 이슈를 정의한다. 이는 지속가능경영의 방향성과 보고서 전반의 서사를 결정짓는 기초 작업이다.

둘째, 이해관계자 분석 및 중대성 평가(Materiality Assessment)를 수행한다. 이 과정은 기업에 영향을 미치거나 영향을 받는 다양한 이해관계자의 요구를 파악하고, 그들이 중요하게 여기는 이슈를 중대성 기준에 따라 평가하여 우선순위를 정하는 것이다.

셋째, 데이터 수집 및 분석 단계에서는 환경(E), 사회(S), 지배구조(G)에 관련된 정량·정성 데이터를 수집하고, 해당 지표들을 기반으로 기업의 성과를 분석한다. 이 과정은 보고서의 객관성과 신뢰도를 높이는 핵심이다.

넷째, 콘텐츠 구성 및 작성 단계에서는 GRI, SASB 등의 국제 가이드라인을 바탕으로 보고서의 목차와 내용을 구조화하고, 시각자료와 함께 기업의 ESG 성과를 일관된 내러티브로 담아낸다.

마지막으로, 외부 검증 및 발간 단계에서는 제3자 검증기관을 통한 검토(Assurance)를 거쳐 보고서의 신뢰성과 투명성을 확보하고, 이를 최종 발간한다. 이 검증은 투자자와 시장의 신뢰 형성에 결정적인 역할을 하며, 글로벌 스탠더드에 부합하는 ESG 정보 공개의 완결을 의미한다.

지속가능경영보고서는 단발적인 보고가 아니라, 기업 경영 전반의 지속가능성을 평가하고 고도화하는 경영 관리의 연장선으로 이해되어야 한다. 그만큼 체계적이고 전략적인 접근이 요구된다.

3. 글로벌 가이드라인 적용

전 세계에서 가장 널리 사용되는 지속가능성 보고 기준은 GRI(Global Reporting Initiative)와 ISSB(International Sustainability Standards Board, 국제지속가능성기준위원회) 기준이다. 이 두 기준은 기업의 비재무정보 공시 수준을 향상시키고 이해관계자의 신뢰를 확보하는 데 있어 핵심적인 역할을 한다.

1) GRI 기준

GRI 기준은 1997년 미국 비영리단체에 의해 시작된 세계 최초의 지속가능성 보고 프레임워크로, 현재까지도 가장 널리 활용되는 글로벌 표준 중 하나다. GRI는 기업이 사회·환경에 미치는 영향을 중심으로 정보를 공시하도록 요구하며, 영향 중대성(Impact Materiality)을 핵심 원칙으로 삼고 있다. GRI 보고는 단일 기준이 아니라 모듈화된 구조를 가지고 있어, 모든 조직이 따라야 하는 GRI 일반기준(Universal Standards)을 중심으로, 산업별·주제별 기준을 선택적으로 적용하는 방식이다. 기업은 자사 활동이 사회와 환경에 끼치는 직접적·간접적 영향을 식별하고, 해당 내용에 대해 정량적·정성적으로 보고한다. GRI의 가장 큰 특징은 투자자뿐 아니라 시민사회, 노동조합, NGO, 정부 등 다양한 이해관계자의 정보 요구를 포괄하고 있다는 점이다. 따라서 GRI는 기업의 책임성과 투명성을 강조하는 ESG 전략에 적합하며, 유럽의 CSRD, ESRS와도 일정 수준의 정합성을 가진다.

2) ISSB 기준

ISSB는 IFRS 재단이 설립한 국제지속가능성기준위원회로, 2022년 이후 글로벌 ESG 공시 기준의 '회계적 정합성'을 확보하기 위한 주도적인 기구로 자리잡았다. ISSB는 재무적 중대성(Financial Materiality)을 중심으로, ESG 정보가 기업의 미래 수익성, 가치평가, 리스크 관리에 어떻게 연결되는지를 명확히 하는 데 초점을 둔다. 2023년 발표된 *IFRS S1(지속가능성 관련 재무 공시 기준)과 IFRS S2(기후 관련 공시 기준)는 기업이 ESG 관련 리스크와 기회를 식별하고, 이를 재무제표와 통합 가능한 방식으로 보고하도록 요구한다. 특히 S2는 기존 TCFD(Task Force on Climate-related Financial Disclosures)의 프레임워크를 그대로 반영하고 있어, 기후 리스크 공시에 대한 글로벌 일관성을 확보하는 데 기여하고 있다. ISSB 기준은 투자자, 자산운용사, 금융시장 규제자 등 자본시장 참여자를 주요 이해관계자로 설정하며, ESG 정보의 정량화 및 내부 통제체계와의 연계를 강조한다. 이는 ESG 공시가 단순한 사회적 책임 수행이 아니라, 재무적 신뢰성과 기업가치 측정의 한 축이 되어야 한다는 점을 반영한 결과다.

GRI와 ISSB는 보고의 관점과 목적이 상이하지만, 상호보완적으로 활용될 수 있다. 특히 EU의 ESRS는 GRI와 정합성을 갖추고 있으며, IFRS 기준도 점차 다국적 기업 공시에 통합되고 있는 추세다. 최근 글로벌 선도기업들은 두 기준을 병행하거나 통합 보고를 시도하고 있다. 지속가능경영보고서를 신뢰성과 실효성을 갖춘 전략적 도구로 활용하기 위해서는, 기업이 중대성 평가에 기반한 핵심 이슈를 식별하고, 각 기준의 목적에 맞춰 공시 범위와 깊이를 조정하는 방식으로 접근해야 한다. GRI는 사회적 책임과 영향력 중심의 투명성을, ISSB는 자본시장 관점에서의 가치 창출 기반을 강조한다는 점에서, 두 기준의 통합적 적용은 ESG 공시의 진화된 형태로 자리잡고 있다.

3) 이중보고 전략

지속가능경영보고서를 작성함에 있어, 기업은 다양한 글로벌 기준의 상이한 목적과 구조를 고려해야 한다. 특히 최근 ESG 공시에 있어 가장 널리 사용되는 GRI(Global Reporting Initiative)와 ISSB(International Sustainability Standards Board) 기준은 보고의 관점과 대상 이해관계자가 다르기 때문에, 단일 기준만으로는 모든 정보 수요를 충족하기 어렵다. 이에 따라 많은 기업들이 실무적으로 채택하고 있는 접근 방식이 바로 이중보고전략(Dual Reporting Strategy)이다.

이중보고전략은 영향 중심의 GRI 기준과 재무 중심의 ISSB 기준을 병행 적용하여, 기업이 자사 활동이 외부에 미치는 사회·환경적 영향과, 외부 환경 변화가 자사 재무성과에 미치는 영향을 동시에 구조화하여 공시하는 방식이다. 이는 이중 중대성(Dual Materiality) 개념의 실질적 구현이며, 공시의 투명성, 정합성, 신뢰성을 동시에 확보하는 전략적 접근으로 평가된다.

실제 보고서 작성에서는 다음과 같은 구조로 이중보고전략이 적용된다.

- GRI 기반 보고 내용은 인권, 노동, 지역사회, 환경오염 등 기업이 사회·환경에 끼치는 영향을 중심으로 작성되며, 다양한 이해관계자의 시각에서 핵심 이슈를 선정하고 보고한다.
- ISSB 기반 보고 내용은 기후 리스크, 탄소가격, 자원가격 변동, 공급망 재편 등 기업의 재무적 지속가능성에 직접 영향을 미치는 요인들을 중심으로 구성되며, 이는 투자자와 금융기관

을 위한 정보로 활용된다.

이러한 이중보고 접근은 단순히 두 기준을 병렬적으로 나열하는 것이 아니라, 하나의 보고서 내에서 이슈별로 이중 중대성을 교차 검토하고, 중첩되는 이슈에 대해서는 통합된 방식으로 공시함으로써 보고의 통일성과 전략적 일관성을 확보한다. 이는 특히 다국적 기업이나, ESG 성과가 경영 전략과 깊이 연계된 기업들에서 필수적인 전략으로 자리 잡고 있다.

이중보고전략은 또한 국제적으로 ESG 공시에 대한 규제 정합성이 높아지는 상황에서, CSRD(유럽연합), ISSB(국제기준), GRI(글로벌 공통 프레임워크)의 중복 또는 상충을 해소하는 실질적 대응 방안이기도 하다. 국내 기업의 경우, 향후 EU의 CSRD 대응과 ISSB 기준 정착을 동시에 고려해야 하므로, 이중보고전략의 채택은 자발적 선택이 아니라 구조적 필수로 전환되는 국면에 진입하고 있다.

4. 실무자용 행동지침

지속가능경영의 실무는 인증 → 공시 → 보고의 흐름이 아니라, 세 요소가 상호순환하는 통합 거버넌스 구조로 작동해야 한다.

세 체계가 일관되게 운영될 때, 기업은 데이터 기반의 ESG 경영, 즉 측정 가능한 지속가능성(Measurable Sustainability)을 구현할 수 있다.

지속가능경영의 핵심은 행동(Execution)과 증거(Evidence), 그리고 소통(Communication)의 일체화이다. ISO와 같은 인증기준이 경영활동의 신뢰성을 보증하고, GRI·ISSB·CSRD 등 공시 기준이 ESG 데이터를 국제적으로 비교 가능한 형태로 구조화하며, 지속가능보고서가 그 결과를 사회와 공유함으로써, 기업은 책임의 투명성을 완성하게 된다.

지속가능경영의 통합 거버넌스 구조

구분	목적	실무역할	주요표준·제도	기대효과
인증 기준	내부 프로세스의 표준화	ESG 경영시스템 구축 및 검증	ISO 14001, 37001, 53002 등	신뢰성 확보, 리스크 관리
공시 기준	외부 투명성 제고	ESG 정보의 구조화 ·비교가능성확보	GRI, SASB, ISSB, CSRD	투자자· 규제기관 대응
보고서 실무	이해관계자와의 소통	ESG 전략·성과 ·비전의 통합 표현	지속가능보고서 통합보고서	기업 이미지 및 가치 제고

이처럼 공시-인증-보고가 유기적으로 연결될 때, 지속가능경영은 단순한 이념이 아닌 기업의 경쟁우위를 창출하는 전략적 시스템으로 자리 잡는다.

지속가능경영보고서의 완성도는 단순히 문서 작성의 숙련도에 달린 것이 아니라, 실무자가 ESG 경영을 어떻게 이해하고 실행하느냐에 달려 있다. 따라서 실무자는 다음의 세 가지 핵심 축을 중심으로 일상 업무에 지속가능성을 내재화해야 한다.

먼저, 기반 구축 단계에서는 회사의 ESG 비전과 전략적 목표(KPI)를 명확히 수립하는 것이 출발점이다. 이 과정에서 실무자는 기업의 윤리경영헌장을 이해하고, 내부 규정을 ESG 관점에서 점검하여 정비해야 한다. 또한 각 부서별로 ESG 실행을 책임지는 담당자를 지정하고, 해당 책임자들과의 유기적인 협조 체계를 수립함으로써 조직 전체의 일관된 ESG 실행 기반을 마련해야 한다.

그 다음은 시스템화 단계다. 실무자는 ESG 관련 데이터를 정기적으로 수집하고 분석할 수 있는 관리 체계를 마련해야 한다. 이는 단순한 자료 축적이 아니라, ESG 활동의 실질적 진척 상황을 점검하고 조치하기 위한 기반이다. 더불어 내부 감사와 모니터링 절차를 구축하여, ESG 활동이 형식적인 보고에 그치지 않도록 감시하고 개선하는 순환 구조를 갖추어야 한다. 이와 함께 모든 임직원이 ESG의 의미를 이해하고 자발적으로 실천할 수 있도록 정기적인 교육을 진행하고, 인식을 지속적으로 제고해야 한다.

마지막으로, 생태계 리더십을 발휘하는 것이 중요하다. 실무자는 협력업체와의 관계에서도 ESG 기준을 적용하여 공급망 전반의 지속가능성을 확보해야 한다. 이를 위해 공급망 ESG 평가 체계를 구축하고, 개선 프로그램을 운영해야 한다. 나아가 산업별 ESG 협의체에 참여하여 공통의 기준을 마련하고, 업계 전반의 ESG 수준을 끌어올리는 데 기여해야 한다. 이해관계자와의 투명한 소통도 중요하다. 투자자, NGO, 고객 등 다양한 이해관계자들과의 열린 커뮤니케이션 채널을 구축하고, 보고서에는 그들과의 소통 내용을 성실히 반영해야 한다.

이러한 실무자의 체계적이고 주도적인 실행이야말로 진정한 지속가능경영보고서를 만들어내는 원동력이며, 조직의 ESG 리더십을 대외적으로 입증하는 열쇠다.

5. 보고서 성공요인

지속가능경영보고서의 성공은 형식이나 디자인이 아니라, 기업 내면에 자리 잡은 일관성, 진정성, 데이터의 신뢰성에서 비롯된다. 이를 실현하기 위해 다음의 다섯 가지 요소가 핵심적인 성공 요인으로 작용한다.

무엇보다 중요한 것은 경영진의 강력한 의지다. CEO를 비롯한 최고경영진이 지속가능경영에 대해 분명한 비전을 제시하고, 전사적으로 일관된 메시지를 지속적으로 발신해야만 보고서에 담기는 모든 내용이 진정성을 얻게 된다. 경영진이 ESG를 일시적 과제가 아닌 경영 철학으로 받아들이는지가 보고서의 방향성과 설득력을 좌우한다.

두 번째로는 조직의 ESG 역량이 보고서의 품질을 결정한다. 단순한 홍보나 편집 수준에서 벗어나, ESG 담당자는 각종 데이터를 해석할 수 있는 전문성과, 국내외 규제 및 프레임워크에 대한 깊은 이해를 갖춰야 한다. 이러한 전문 역량이 있어야 보고서가 기업의 전략과 실행을 효과적으로 담아낼 수 있다.

세 번째는 이해관계자와의 협업 구조다. 투자자, 지역사회, 시민단체, 협력사 등 다양한 외부 이해관계자의 의견을 실질적으로 반영하는 피드백 루프가 보고서 안에 포함되어야 한다. 그들의 기대와 우려를 실제 전략과 실행계획에 통합함으로써 보고서의 신뢰도를 높이고, 기업의 사회적 책임을 입증하는 데 기여한다.

네 번째는 데이터 기반의 체계적 관리다. 정량적 데이터가 확보되지 않은 보고서는 아무리 그럴듯해 보여도 신뢰를 얻을 수 없다. ESG 관련 지표의 수집, 검증, 분석, 개선 과정을 PDCA(Plan-Do-Check-Act) 사이클에 따라 체계화해야 하며, 이를 통해 보고서가 단순한 보고가 아닌 실제 변화를 반영하는 도구가 되어야 한다.

마지막으로, 장기적이고 전략적인 시야가 중요하다. 지속가능경영보고서는 기업의 철학과 전략 안에 ESG가 얼마나 깊이 뿌리내리고 있는지를 보여주는 증거다. ESG는 트렌드가 아니라 기업의 미래 생존 전략이며, 이러한 관점을 보고서 전체에 일관되게 담아내야 한다.

결국, 지속가능경 영보고서란 단순한 외부 커뮤니케이션 수단이 아니라, 기업의 지속가능성에 대한 내공과 태도의 결과물이다. 실무자의 노력만으로는 완성되지 않으며, 기업 전체가 ESG를 일상의 일부로 실천할 때 비로소 진정한 보고서가 만들어진다. 말 그대로, 보고서가 아닌 경영이 지속가능해야 한다.

6. 디지털 보고서 및 XBRL

디지털 보고서(Digital Reporting)와 XBRL(전자문서표기언어)는 ESG 공시의 핵심기술 중 하나로 기업이 필수로 준비해야 할 부분이다.

지속가능경영보고의 방식이 전통적인 인쇄형 보고서에서 점차 디지털 기반 보고서(Digital Sustainability Report)로 전환되고 있다. 이는 ESG 정보의 접근성, 투명성, 비교 가능성을 높이기 위한 기술적 진화로, 단순히 보고 형식의 변화를 넘어 기업의 데이터 기반 관리 역량을 시험하는 지점이기도 하다.

디지털 보고서는 웹 기반의 인터랙티브 플랫폼을 활용하여, ESG 정보가 실시간 탐색 가능하고, 시각화되고, 데이터 형태로 추출 가능한 형태로 제공되는 것을 의미한다. 독자(투자자, 이해관계자 등)는 원하는 항목을 바로 찾고, 기간별·이슈별로 ESG 데이터를 비교하거나 활용할 수 있다. 이는 정보의 소비자 중심 설계로, ESG 공시의 효율성과 전달력을 높인다. 또한, 디지털 보고는 향후 자동화된 공시 시스템 및 AI 기반 ESG 평가와도 연동될 수 있다는 점에서 전략적 가치가 크다.

이러한 디지털 공시의 핵심 기반 기술 중 하나가 XBRL(eXtensible Business Reporting Language)이다.

XBRL은 기업의 재무 및 비재무 데이터를 정형화된 구조로 태깅(tagging)하여 전자적으로 공유할 수 있게 해주는 국제 표준 언어다.

이 기술은 데이터를 단순히 읽을 수 있는 정보가 아니라, 기계가 읽고 비교하고 분석할 수 있는 형태로 전환시킨다. 각 데이터 항목은 '태그(tag)'를 부여받아 특정 항목(예: Scope 1 배출량, 이사회 다양성 비율 등)으로 분류되고, 그 정의와 단위도 함께 코드화된다.

ESG 공시에 XBRL을 적용하면 다음과 같은 효과가 있다.

- 기업 간 지표 비교의 정밀도와 국제 기준 간 호환성 확보
- 감독기관, 투자자, 분석기관의 자동 분석 및 실시간 검토 가능
- 데이터 신뢰성 제고 및 ESG 평가 모델과의 연동 최적화
- 유럽연합(EU)의 CSRD와 같은 국제 규제에 기술적으로도 대응 가능

실제로 EU의 ESRS(유럽 지속가능성 보고 기준)는 향후 ESG 보고 시 XBRL 기반의 디지털 보고서 제출을 의무화할 계획이며, ISSB 역시 해당 기술 표준과의 정합성을 고려해 기준을 설계하고 있다. 이에 따라 기업들은 단순한 보고서 제작에서 나아가, ESG 데이터를 디지털 자산화하고 구조화하는 능력이 공시 역량의 핵심 요소로 부상하고 있다.

디지털 보고서와 XBRL은 단순한 기술적 트렌드가 아니라, ESG 공시의 미래 언어이자 규제 대응의 최소 기준이 되고 있다.

부록

1. ESG 자가진단표와 지속가능경영의 운영 플랫폼

1) ESG 자가진단표

ESG가 기업의 경영철학이나 선언적 가치로만 머물러서는 지속가능한 변화를 이끌 수 없다. ESG의 원칙과 규범이 조직 내부의 경영 프로세스와 관리 절차로 구체화되어 있는 자를 자가 진단해 보는 것이 필요하다. 이러한 피드백과정을 통해 내부 점검, 리스크 진단, 보고서 작성, 인증 준비 등을 스스로 점검하고 현장에서의 실행 가능성과 운영 효율성을 높인다. 따라서 ESG 자가진단표는 ESG의 철학을 실행체계로 전환시키는 실질적 도구이자, 지속가능경영의 현장화를 가능하게 한다.

[서식번호] ESG-SA-01

[작성일자] YYYY.MM.DD

[작성부서]

[작성자]

[판정 기준]

- 0~6점: 초기 단계
- 7~12점: 기본 체계 구축
- 13~18점: 선진 지속가능경영 체계

[사용 방법]

- 각 항목은 2점 만점, 세 영역(E·S·G)별 6점으로 총 18점 기준.
- 자가 점수란은 부서별 자체평가 결과를 기입.
- 결과는 부서별 평균값으로 환산하여 전사 ESG 수준 진단에 활용.
- 필요 시 ISO 14001·26000 및 K-ESG 평가체계와 연동 가능.

ESG 자가진단표(Self-Assessment Sheet)

구분	진단항목	세부점검내용	평가기준	배점	자가 점수
I. 환경 (Environment)	에너지 관리	에너지 사용량 및 감축목표 설정 여부	목표 미설정 (0점) 부분 설정 (1점) 정량목표 (2점)	2	
	온실가스 관리	Scope 1·2 배출량 산정 및 보고 여부	미이행 (0) 부분이행 (1) 전면이행 (2)	2	
	폐기물 ·자원순환	폐기물 감축 및 재활용 시스템 구축 여부	없음 (0) 일부 (1) 체계 구축 (2)	2	
소계 (E)				6	
II. 사회 (Social)	인권 ·노동	인권정책 및 근로자 보호제도 운영 여부	미보유 (0) 일부 (1) 보유·운영 (2)	2	
	안전보건	산업안전보건경영시스템 (ISO 45001 등) 인증 여부	없음 (0) 진행중 (1) 보유 (2)	2	
	협력사 관리	공급망 ESG 평가 및 실사 시행 여부	미실시 (0) 시범 (1) 정례화 (2)	2	
소계 (S)				6	
III. 지배구조 (Governance)	윤리경영	윤리규정 ·내부신고제도 운영 여부	미비 (0) 일부 (1) 정착 (2)	2	
	정보공시	ESG 공시 또는 지속가능경영보고서 발간 여부	미발간 (0) 준비중 (1) 발간 (2)	2	
	이해관계자 참여	이해관계자 의견수렴 및 반영 체계 구축 여부	없음 (0) 부분 (1) 체계화 (2)	2	
소계 (G)				6	
총점				18점 만점	

2) 지속가능경영 실행 인프라

ESG 실무 체계에서 ISO 인증·평가표·체크리스트·공급망 실사 매뉴얼은 단순한 절차적 도구가 아니라, 기업의 ESG 전략을 실제로 구현하고 지속적으로 개선하기 위한 실행 인프라(Execution Infrastructure)로 기능한다.

이들은 기업이 ESG 목표를 선언적 수준에 머무르지 않고, 측정·검증·관리·개선의 순환체계를 구축하는 것을 도와준다.

첫째, ISO 인증체계(예: ISO 14001, ISO 50001, ISO 26000, ISO 37001, ISO 53001 등)는 ESG 각 영역의 관리 시스템을 표준화하여, 조직이 체계적으로 환경경영·사회책임·윤리경영·지속가능경영을 운영할 수 있도록 한다. 이는 '관리의 일관성'과 '성과의 재현성'을 보장하는 기반이 된다.

둘째, ESG 평가표는 기업이 환경(E), 사회(S), 지배구조(G) 영역에서 얼마나 잘하고 있는지를 정량적으로 점수화하는 시스템이다. 목표 설정부터 실적, 공시까지 구체적으로 평가해서 비교하고 우선순위를 정할 수 있다.

셋째, 체크리스트는 법이나 국제 기준을 잘 지키고 있는지 확인하는 도구다. 내부 감사나 외부 인증기관에 대응하여 ISO, GRI, EU 관련 규제에 맞게 이행하는 지를 체크한다.

넷째, 공급망 실사 매뉴얼은 협력사들이 ESG 기준을 잘 지키는지 점검하고 관리하는 매뉴얼이다. 이 매뉴얼을 통해 협력사 평가, 교육, 공시까지 체계적으로 운영할 수 있다.

다섯째, 통합 적용 프레임워크는 ESG 활동을 PDCA 사이클(계획-

실행-점검-조치)에 맞춰 도구들을 매핑하여 체계적으로 운영할 수 있는 도구다.

(1) ISO 인증

① 목적

국제표준에 기반한 경영시스템을 구축·유지함으로써 ISO 인증 (ISO Certification)을 획득하여 ESG 경영의 객관적 신뢰성과 검증 가능성을 확보한다.

② 주요 표준 및 ESG 연계성

주요 표준 및 ESG 연계성

구분	ISO 표준명		ESG 영역 주요 내용
ISO 14001	환경경영시스템	E	환경영향 저감, 오염예방, 자원효율성
ISO 45001	안전보건경영시스템	S	근로자 안전·건강 리스크 예방
ISO 26000	사회적 책임 지침	S+G	인권·노동·환경·공정운영 등 7대 핵심주제
ISO 37001	부패방지경영시스템	G	윤리경영·반부패 관리체계
ISO 50001	에너지경영시스템	E	에너지 효율 향상, 탄소배출 감축
ISO 53001·53002	지속가능경영시스템	E·S·G 통합	ESG 성과의 통합관리 및 보고 프로세스 표준화

③ 적용효과
- 내부통제 강화 → CSDDD·CSRD 등 규제 대응력 향상

- 외부평가(EcoVadis·K-ESG·GRI) 연계
- 공급망 협력사 평가 시 가이드라인으로 활용

(2) ESG 평가표

① 목적

ESG 평가표(ESG Assessment Matrix)는 정성적 ESG 활동을 정량화하여 비교·분석·우선순위 도출 가능하게 하는 도구다.

ISO, GRI, K-ESG 등 프레임워크에 따라 평가기준을 설정한다.

② 기본 구조 예시

기본 구조

평가영역	세부항목	가중치	평가기준	배점	평가결과
환경(E)	에너지·탄소관리, 폐기물 감축, 순환경제	35%	목표설정·성과·공시 여부	0~5	
사회(S)	인권·노동·안전보건·공급망 관리	35%	제도 구축·실행·성과	0~5	
지배구조 (G)	이사회, 윤리경영, 정보공시	30%	투명성·리스크 관리	0~5	

③ 운영방법

- 연 1회 ESG 위원회 주관 평가
- 가중치에 따라 총점 산출(예: 85점 이상 = 우수 등급)
- 결과는 보고서 KPI 및 차년도 개선계획에 반영

(3) 체크리스트

① 목적

법규·국제규제·거버넌스 요구사항을 빠짐없이 점검하기 위한 체크리스트(Compliance Checklist)를 통한 사전 예방형 진단 도구를 제시한다.

CSDDD, CSRD, EU Taxonomy, K-ESG 등과 연계한다.

② 체크리스트 예시 항목

체크리스트 예시

평가영역	점검항목	확인여부 (☑)	관련근거
1	환경경영방침이 ISO 14001 기준에 따라 수립·공표되어 있는가		ISO 14001 4.1
2	인권정책이 UNGP·ISO 26000 기준에 부합하는가		ISO 26000 6.3
3	공급망실사(CSDDD) 절차가 문서화되어 있는가		EU CSDDD Art. 6-8
4	반부패·윤리경영 교육이 연 1회 이상 실시되는가		ISO 37001 8.7
5	지속가능경영보고서가 GRI 2021 기준으로 작성·공시되는가		GRI 102-103

③ 활용 포인트

- 분기별 내부감사 시 사용
- 외부 감사기관(EcoVadis, DNV 등) 대응자료로 제출 가능

- ESG 리스크 사전예방 및 인증 준비도 점검

(4) 공급망 실사 매뉴얼

① 목적

공급망 실사 매뉴얼(Supply Chain Due Diligence Manual)을 통해 인권·환경·윤리·안전 리스크를 사전에 파악하고 CSDDD 및 ISO 20400(지속가능한 조달) 기준에 맞춰 관리한다.

② 주요 구성요소

단계별 구성요소

평가영역	점검항목	적용기준
정책선언	공급망ESG 정책 및 행동규범(Code of Conduct) 제정	ISO 26000·CSDDD Art. 5
위험식별	협력사리스크 평가 (자가진단·서류검증·현장실사)	CSDDD Art. 6
평가·분류	고위험/저위험등급 분류 및 개선계획 수립	CSDDD Art. 7
시정조치	비준수 협력사 개선요구·교육·재심사	ISO 9001 10.2
공시·보고	공급망 리스크 관리성과 공시	CSRD ESRS E1-S1
절차단계	주요 내용	적용기준
정책선언	공급망ESG 정책 및 행동규범(Code of Conduct) 제정	ISO 26000·CSDDD Art. 5

③ 실제 적용사례

- 삼성전자: 글로벌 공급망 ESG 평가시스템(SCMS) 운영, 연 1회 협력사 평가 및 교육
- SK 하이닉스: EcoVadis·RBA(Code of Conduct) 병행 평가
- 현대자동차: 협력사 ESG 자가진단 및 현장실사 병행(고위험 공급사 우선 모니터링)

④ 활용효과

- EU CSDDD·K-ESG 대응
- 협력사 리스크 예측·완화
- 공시보고서 내 공급망 관리 섹션 강화

(5) 통합 적용 프레임워크

ESG 실행 단계별 도구 매핑

평가영역	주요활동	대응도구	주요 표준
계획(Plan)	ESG 정책 수립·목표 설정	ISO 26000, GRI 지표, 자가진단표	ISO 53001
실행(Do)	각 부문별 ESG 프로그램 수행	공급망실사 매뉴얼, 내부 교육, 개선조치	ISO 9001, 20400
점검(Check)	모니터링·내부심사·성과평가	평가표, 체크리스트	ISO 14001, 45001
조치(Act)	개선계획 및 재인증 대응	보고서, 피드백시스템	ISO 53002, CSRD

ESG 경영의 실행은 전통적인 PDCA 사이클을 따르며 체계적으로 이뤄진다. 우선 계획(Plan) 단계는 조직의 ESG 관련 정책을 수립하고, 중장기적인 목표를 설정하는 것이 핵심이다. 이 과정에서 ISO 26000과 같은 사회적 책임에 관한 국제 지침, GRI지표가 참고 기준으로 활용된다. 또한, 조직 내부의 준비도를 점검하기 위해 자가 진단표를 활용하고, 보다 정합성 있는 ESG 전략 수립을 위해 ISO 53001 같은 ESG 경영체계 표준이 함께 고려된다.

다음 단계인 실행(Do) 단계에서는 실제 부서별로 ESG 프로그램을 구체화하여 이행한다. 이 때 공급망 실사 매뉴얼을 통해 파트너사의 ESG 리스크를 점검하고, 내부 구성원들에게는 ESG 교육을 실시하며, 필요한 경우 개선조치를 병행한다. 이 단계에서는 ISO 9001(품질경영) 및 ISO 20400(지속가능한 조달)이 실행의 기준이 되며, 실무 중심의 활동이 집중된다.

이후 점검(Check) 단계에서는 전사적인 ESG 활동의 진행 상황을 점검하고, 내부 심사 및 성과 평가를 진행한다. 이 과정에서 체크리스트나 내부 평가표를 활용하여 모니터링의 객관성을 확보하며, ISO 14001(환경경영) 및 ISO 45001(안전보건경영) 기준이 평가 프레임으로 적용된다. 이를 통해 ESG 추진이 단순히 선언적 수준에 머무르지 않고 실질적 실행성과를 낼 수 있도록 한다. 마지막으로 조치(Act) 단계에서는 점검 결과를 토대로 개선계획을 수립하고, 필요한 경우 외부 인증이나 재인증 절차에 대응한다. 이때 ESG 보고서 작성과 이해관계자 피드백 시스템이 주요 도구로 활용되며, 이를 통해 전략을 지속적으로 개선해 나간다. 이 단계에서는 ISO 53002(ESG

성과 측정 및 개선), 그리고 유럽에서 강화된 지속가능성 공시 기준인 CSRD가 주요한 가이드라인으로 작용한다.

2. ISO 53001·53002 기반 PDCA 구조

ESG를 지속가능경영의 핵심 요소로 내재화하기 위해서는 선언이나 개별 활동을 넘어, 국제표준에 기반한 경영 운영 체계로 전환하는 것이 필수적이다.

ISO 53001(지속가능경영 시스템 요구사항)과 ISO 53002(실행 가이드라인)는 이러한 전환을 위해 PDCA(Plan-Do-Check-Act) 사이클을 중심으로 조직의 전략, 거버넌스, 운영, 성과 개선을 체계적으로 연결할 것을 요구한다.

ESG 경영 운영 체계를 위한 PDCA(Plan-Do-Check-Act) 사이클

단계	핵심 기능	주요 실행 과제(Checklist)
Plan(기획)	거버넌스 및 전략 수립	• 이사회 산하 ESG 위원회 구축 및 감독 강화 • CEO KPI에 ESG 성과 지표 반영 • 중장기 지속가능경영 전략 및 리스크 정의
Do(실행)	운영 통합 및 자원 배분	• 임직원 보상 체계와 ESG 성과 연계 • 탄소중립·인권·공급망 실사 예산 독립 편성 • 전사적 부서별 ESG 실행 과제 하달
Check(점검)	성과 측정 및 공시	• 정량적·정성적 ESG 데이터 주기적 모니터링 • ISSB·GRI 기준에 따른 지속가능경영보고서 발간 • 제3자 외부 검증을 통한 데이터 신뢰성 확보
Act(개선)	환류 및 시스템 최적화	• 미흡 사항에 대한 시정조치 및 전략 재조정 • COSO ERM 기반 비재무리스크 통합 관리 • 외부 환경 변화(규제 등)에 따른 목표 최신화

3. 단계별 세부 가이드

1) Plan: ESG 거버넌스 및 전략의 설계

- 목적: ESG를 단순 윤리 선언이 아닌 경영 전략의 본질로 구조화
- 핵심: 이사회의 실질적 감독권 강화와 최고경영자(CEO)의 책임 명확화. ISO 53001은 최고경영진의 리더십을 시스템의 출발점으로 규정

2) Do: 조직 운영 및 자원 배분의 통합

- 목적: 수립된 전략을 실제 조직 행동으로 전환
- 핵심: 보상과 예산의 연결. ESG 목표가 인센티브와 직결되고, 실행을 위한 자원(예: 공급망 실사 비용)이 배정될 때 비로소 전사적 실행력이 확보

3) Check: 성과 점검 및 투명한 커뮤니케이션

- 목적: 경영 운영 체계로서의 실효성 검증
- 핵심: 글로벌 표준(GRI, ESRS 등)에 따른 데이터 공시와 제3자 인증. 이는 ESG 성과가 홍보용 '그린워싱'이 아님을 입증하는 객관적 과정

4) Act: 지속적 개선 및 전략적 환류

- 목적: 변화하는 외부 환경에 대응하는 유연한 진화.

- 핵심: 점검 결과를 바탕으로 한 전략 수정 및 리스크 관리 체계(ERM)와의 통합. 개선된 결과는 다시 다음 단계의 Plan에 반영되어 선순환 구조를 완성.
- 결론: ISO 53001·53002 기반의 PDCA 구조는 ESG를 일회성 프로젝트가 아닌, 기업의 장기적 경쟁력을 창출하는 지속적인 경영 메커니즘으로 변모시킨다.

◀ 참고문헌 ▶

단행본

김재필, 『ESG 혁명이 온다: 미래 전략과 7가지 트렌드』, 한스미디어, 2021.

김종대 외, 『ESG 금융과 지속가능 경영』, 박영사, 2020.

문두철, 『ESG 경영 패러다임: 기업의 지속가능한 발전』, 삼일인포마인, 2024.

박경록, 『지속가능성과 ESG 경영』, 학현사, 2021.

배종석 외, 『ESG 시대의 사회적 가치와 지속가능경영』, 클라우드나인, 2022.

이재혁 외, 『지속가능성과 ESG 경영: 본질을 다시 세우다』, 박영사, 2022.

이종재, 『ESG 대전환 시대: 기업의 나침반이 된 ESG』, 현대비즈니스연구소, 2021.

조동성, 『지속경영: 21세기 기업 경영의 새로운 패러다임』, 서울대학교출판문화원, 2021.

한상만 외, 『ESG 이해관계자 중심 경영』, 박영사, 2023.

정부 및 공공기관 주요 보고서

관계부처 합동, 『K-ESG 가이드라인 v1.0』, 2021.12.

기획재정부, 『공공기관 ESG 가이드라인』, 2025.12.

금융위원회, 『기업공시 제도 개선방안』, 2021.01.

금융위원회, 『국내 ESG 공시제도 로드맵』, 2026.02.

대한상공회의소, 『국내 기업의 공급망 ESG 대응 현황 및 시사점』, 2024~2025.

산업통상자원부, 『K-ESG 가이드라인 2025 개정판』, 2025.07.

중소벤처기업부, 『중소기업 ESG 경영 실무 가이드라인』, 2022.10.

한국회계기준원(KSSB), 『국내 지속가능성 공시 기준(KSSB)』, 2024.04.

환경부, 『한국형 녹색분류체계(K-Taxonomy) 가이드라인』, 2022.12.

글로벌 표준 및 가이드라인

GRI Standards 2021, *The Global Reporting Initiative Consolidated Set of Standards*.

International Organization for Standardization, *ISO 26000:2010, Guidance on social responsibility*.

International Organization for Standardization, *ISO 53001:2024, Sustainability management systems — Requirements with guidance for use*.

International Organization for Standardization, *ISO 53002:2024, Sustainability management systems — Guidelines for the implementation of ISO 53001*.

International Sustainability Standards Board(ISSB), *IFRS S1&S2, General Requirements for Disclosure of Sustainability-related Financial Information, 2023*.

해외학술 문헌

Carroll, A. B. (1991), "The Pyramid of Corporate Social Responsibility", Business Horizons.

Elkington, J. (1997), Cannibals with Forks: The Triple Bottom Line of 21st Century Business, Capstone Publishing.

Freeman, R. E. (1984), Strategic Management: A Stakeholder Approach, Pitman Publishing.

Porter, M. E.&Kramer, M. R. (2011), "Creating Shared Value", Harvard Business Review.